바보 신 모리아, 어리석은 현자들을 비웃다

우신 예찬

우신 예찬

바보 신 모리아, 어리석은 현자들을 비웃다

초판 1쇄 발행 2008년 6월 20일
초판 5쇄 발행 2021년 1월 20일

지은이　　에라스뮈스
옮긴이　　강민정
펴낸이　　이영선

편집　　이일규 김선정 김문정 김종훈 이민재 김영아 김연수 이현정 차소영
디자인　　김회량 이보아
독자본부　　김일신 김진규 정혜영 박정래 손미경 김동욱

펴낸곳 서해문집 | 출판등록 1989년 3월 16일(제406-2005-000047호)
주소 경기도 파주시 광인사길 217(파주출판도시)
전화 (031)955-7470 | 팩스 (031)955-7469
홈페이지 www.booksea.co.kr | 이메일 shmj21@hanmail.net

ISBN 978-89-7483-349-7 03160

서해클래식 **0**19

바보 신 모리아, 어리석은 현자들을 비웃다

우신 예찬

에라스뮈스 지음 | 강민정 옮김

서해문집

에라스뮈스의 생애와 작품

에라스뮈스
네덜란드 로테르담에 있는 에라스뮈스
조각상

"온 나라가 나의 조국이다."라고 말하며 민족주의 감정을 경계했던 데시데리위스 에라스뮈스Desiderius Erasmus는 네덜란드의 로테르담에서 태어났다. 그리스도교 신앙과 교회 아래 모든 나라를 사랑했고, 동시에 모든 나라를 비판한 에라스뮈스는 진정한 세계시민이었으며, 시대를 뛰어넘는 그리스도인이자 인문주의자였다.

에라스뮈스는 중세가 마감되는 시기에 태어나 고전적인 고대로의 회귀를 지향하는 문예부흥 시기인 르네상스와 복음으로의 회귀를 주장하는 종교개혁의 움직임이 한창인 때 성장하였다. 성인이 되어서는 이러한 두 개혁의 핵심에서 영향력을 행사하게 되는데, 에라스뮈스는 사실상 철저하게 신학적 교육을 받은 사람이다. 그의 출생 연도는 1466년이라는 주장과 1469년이라는 두 주장이 엇갈린다. 취리히 시민이 되도록 두 번이나 에라스뮈스를 환대하며 초청한 스위스에서는 그의 출생 연도를 1466년으로 지정하여 1966년에 에라스뮈스 탄생 500주년을 기념했는가 하면, 그의 조국인 네덜란드는 1469년을 그의 탄생 연도로 결정하여 1969년에 탄생 500주년을 기렸다.

그는 사제가 될 것을 강요받았던 헤르하르트와 의사의 딸인 마가레트 사이에서 태어났다. 그러나 마가레트가 임신 중이던 때 헤르하르트는 사제가 되기 위해 로마로 떠나 마가레트와 헤어지게 된다. 마가레트 또한 일찍 죽었기 때문에 에라스뮈스는 고아가 되고 만다. 자서전에서 그는 자신의 출생을 '신성모독적인 결합'이었다고 고백하고 있다.

소년 시기에 그는 데벤테르라는 곳에 위치한 공동생활형제단에서 수학하였는데 이곳은 금식, 철야, 독경과 기도 등을 행하는 수도사 공동체와 유사한 성격을 띠었다. 에라스뮈스가 입학했을 당시 교육 방식은 여전히 중세적이었는데, 라틴어 교육의 경우 인쇄된 새로운 교본을 이용하는 대신 문법 규칙들을 익히고 구절을 암송하는 방식을 따랐다. 그럼에도 그는 그곳에서 라틴어를 기반으로 한 고전문학의 매력에 이끌렸고, 자연의 어떤 신비로운 힘이 자신을 인문학에 몰두하도록 만들었다고 술회했다. 데벤테르 시기에 어머니와 사제인 아버지가 흑사병으로 세상을 떠났고, 이 때문에 데벤테르에서의 학창시절은 끝이 난다. 고아가 된 에라스뮈스는 수도원과 같은 기관을 통해 부아르뒤크에 있는 형제단 학교에 보내져 2년간 머문다. 그는 이 기간을 자신의 생애에서 가장 소득이 없었던 시기로 여겼다.

이후 그는 스테인에 있는 아우구스티누스 수도회에 들어갔는데 이때 그의 나이는 16세였다. 좋은 책을 읽음으로써 정신적인 자극을 갈구하던 에라스뮈스는 훌륭한 도서관을 갖춘 이곳에 이끌렸다. 수습 수사로 1년을 보낸 그는 수도원 생활이 자신에게 맞는다고 생각했고, 그해 말에 수도사 서원을 하게 된다. 그는 그곳에 있는 동안 수도원 생활을 예찬하면서 《세상을 경멸하여On Contempt of the World》라는 소책자를 썼다. 그는 공부하는 사람, 독서하고 숙고하며 책을 쓰는 기쁨을 아는 사람에게 수도 생활이 얼마나 큰 행복인지 고백하고 있으며, 또 신앙의 근원을 위해 성서를 보고 책을 통해 철학자와 시인들을 만나는 것이야말로 낙원의 기쁨이며 구원에 이르는 길이라고 말한다. 물론 스테인의 수도원에서 보낸 기간 내내 이런 만족감이 지속된 것은 아니며, 내적인 그리고 외적인 위기와 불안감을 경험하기도 한다. 그가 겪은 불안감은 사랑에 상처입고 버림받은 사람, 감언이설에 속아 수도원에 입교하는 불행한 이들에 대한 측은지심을 드러낸 것으로, 어린 시절 혼자가 된 자신의 아픈 기억과도 관련이 있다. 19세 무렵에는 《야만인들에 반하여Antibarbaroum Liber》라는 책을 썼는데, 그는 여기서 이교적 학문의 필요성을 정당화하였다. 초기 그리스도교인들은 유대적이면서 이교도적 배경에서 무엇을 취해야 할 것인가 하는 문제에 고심하였고, 유용한 것을 가려 취하였다는 것이다. 그는 이교적 고전에 대한 그리스도교적 옹호의 전통을 소개하면서 독창적이면서도 포용력 있는 자세를 취하였다. 이때부터 그는 '확신을 가지고 긍정하기보다는 온건한 자세로 토의하는 것을 선호'하면서 고대의 아카데미학파와 회의주의자들의 견해에 긍정하는 인문학자로서의 면모를 보이기 시작한다.

그는 수도원 생활에 비교적 만족했으나 자신의 이상을 실현하기 위해 스테인의 울타리를 벗어나야 했다. 그의 내적 잠재력과 갈등을 알아챈 수도원장 베르너는 캉브레 주교인 베르겐의 앙리의 비서로 에라스뮈스를 추천하였고, 그는 파리로 가게 된다. 주교는 그에게 자유 시간을 허락하였고 그 덕에 그는 아우구스티누스 수도원 도서관에서 성 아우구스티누스의 필사본들을 만나는 크나큰 기쁨을 누릴 수 있었다. 주교의 조언에 따라 파리 대학에서 신학박사 과정을 밟게 된 그는 성 히에로니무스와 아우구스티누스에 열광하며 호라티우스, 세네카, 키케로, 퀸틸리아누스를 탐독하며 라틴 고전에 정통한 사람으로 거듭날 기회를 갖는다. 당시의 신학은 신학과 철학을 접목한 유명론唯名論이라 불리는 새로운 현대 신학으로, 신앙 자체와는 거리가 있었다. 유명론에 빠진 신학자들은 철학을 바탕으로 하여 신학에 문제를 제기하며 논쟁을 즐겼는데, 철학적으로 훈련된 정신의 소유자가 아니던 에라스뮈스는 이런 문제들을 우리 삶에 무익한 것으로 여겼다. 예를 들어 연옥의 불이 물리적인 것인가 아닌가 하는 문제나 성부에 의한 성자의 출생을 둘러싼 문제, 최초의 물질은 무엇이었나 하는 문제, 하느님의 전능은 어떤 것들까지 가능케 하는가에 관련된 수수께끼와도 같은 질문들이었다. 이 시기 에라스뮈스는 이런 논쟁들에 빠져들기보다는 신학 공부 및 고전과 그리스도교의 유산들을 새롭게 하여 인문주의의 소양을 쌓는 데 주력하였고, 물론 인문학과 성경 그리고 교육론에도 관심이 많았다. 이 결과물로 탄생한 교육적 내용의 소책자들 가운데에는 《소년들을 위한 예절 교본Manual of Etiquette for Boys》, 《정밀한 어법Elegantiae》, 《단어들의 풍부한 의미에 관하여De Copia Verborum》 등이 있다. 에라스뮈스는 고대 문학에서 지혜로운 내용의 경구와 잠언을 선별하고 수집하여 《격언집Adagia》을 펴낸다. 또 그는 《대화록Colloquia》을 쓰기 시작했다. 그가 당시 사용한 대화체 양식은 르네상스 시기에 자주 사용되던 문학 기법이었는데, 이 기법은 이미 고대에 플라톤이나 키케로가 논증을 위해 혹은 루키아노스가 풍자를 위해 사용한 것이었다. 이 성적인 대화를 통해 정신들이 서로 논증을 펴나가면서 진리를 밝혀낼 수 있다고 생각한 대화체 양식은 때때로 교육의 수단으로 사용되기도 하였다. 그는 《격언집》을 마운트조이 경에게 헌정했는데, 젊고 부유한 이 귀족은 에라스뮈스를 영국에 초청한다. 에라스뮈스는 1497년 영국 여행길에 올랐다.

영국에서 그는 평생 우정을 나누게 될 절친한 친구인 토머스 모어

《유토피아》

토머스 모어의 《유토피아》(1518년판)에 들어갈 삽화를 찍기 위한 암브로시우스 홀바인의 목판화.

와 그의 생애에 새로운 자극을 주게 될 존 콜릿을 만나게 된다. 문학에 정통한 사람이라고 에라스뮈스가 찬탄한 존 콜릿은 옥스퍼드에서 바울로 서신을 강의하였고 후에 세인트 폴 대성당의 사제장이 된 사람으로, 종교적 신념의 문제들을 진지하게 접근하고 고민한 진정한 신학자이자 그리스어에 능한 지식인이었다. 그리스어에 정통한 젊은 영국의 인문주의자 중 또 한 사람이 바로 토머스 모어였는데, 그는 유쾌한 그리스도인이자 진지하고 경건한 학자였다. 에라스뮈스 연구자들은 콜릿이 에라스뮈스에게 신학적 자극을 주고 성 히에로니무스와 아우구스티누스에 빠져들게 하였으며, 그의 삶을 세속적인 것에서 교회로 향하게 했다고 평가한다. 또 그는 모어와 함께 루키아노스를 번역함으로써 점점 더 이탈리아에 매료되었으며 그리스어에 몰두하게 되었다. 에라스뮈스는 루키아노스에 대해 "그의 연설은 얼마나 우아하며, 상상은 또 얼마나 적절한가! 그의 농담은 얼마나 매력적이며, 질책은 또 얼마나 신랄한가!" 하며 찬탄하였는데, 이는 사실 에라스뮈스 자신의 묘사와 상당히 일치한다.

한편 이 시기에 쓰인 《엔키리디온 Enchiridion Militis Christiani》은 에라스뮈스의 다른 저작에서보다 진보적인 가톨릭 개혁의 대변자이자 교황의 조언자이자 교육자로서의 그의 면모가 잘 드러나는 책으로, 그가 전 생애에 걸쳐 반복해온 주제들이 개략적으로 제시되어 있다. 《엔키리디온》의 결론부에서 그는 신플라톤주의의 영향을 받아 인간은 다양성에서 통일성으로 나아가야 한다는 주장과 콜릿, 모어 그리고 비트리에가 제시한 그리스도적 이상을 펼친다. 이후 에라스뮈스는 그가 그토록 원하던 이탈리아 여행의 기회를 갖게 된다.

에라스뮈스의 이탈리아 여행은 그와 친분이 있던 보에리오 박사(헨리 7세의 의사인 이탈리아인)가 이탈리아로 유학 가는 자신의 두 아들의 보호자로 에라스뮈스의 동행을 요청해 이루어진 것이다. 하지만 에라스뮈스는 이 요청을 수락한 이유를 이렇게 말했다. "이것은 내가 전적으로 내 의지에 따라 선택한 유일한 여행이었다. 부분적으로는 내 삶에서 한 번은 거룩한 고대의 유적들을 보고 싶어서, 또 다른 이유는 도서관들을 방문하고 학자들과 교류를 즐기고 싶어서다." 에라스뮈스는 이탈리아에서 3년간 머무른다. 투린에서 시작하여 피렌체, 볼로냐, 베네치아, 파도바, 시에나, 로마와 나폴리를 거치면서 에라스뮈스는 신학박사 학위(투린)도 받았고, 위대한 그리스 저술들을 훌륭한 기술로 찍어내던 베네치아의 유명한 알두스 Aldus 출판사에서 자신의 《격언집》(1508)을 보충하여 재출간하기도 했다. 3000개에 달하는 항목에 고대의 격언과 잠언을 분류하여 담고 주석을 붙여 만든 알두스판 《격언집》은 그를 학자로 성공할 수 있게 해주었다. 이탈리아에 체류하는 동안 그의 그리스어 실력은 놀랍게 발전했고, 로마에서 그의 명성은 널리 퍼져 나갔다. 또 고대 문학에 조예가 깊은 고대 예찬론자였다는 사실로 인해 에라스뮈스는 이탈리아 어느 곳을 가든 환대받았다. 또 추기경들에게 존경받는 동료로 받아들여졌음은 물론 후에 교황이 된 레오 10세와도 돈독한 우정을 쌓았기 때문에 에라스뮈스가 이탈리아, 특히 로마에 대단한 향수를 가졌던 것도 사실이다. 그럼에도 처음 이탈리아로 올 때와 달리 3년 후 이곳을 떠날 때는 인간의 열정과 노력에 무용성을 느끼며 회의를 갖게 된다. 특히 무엇보다 신앙과 《성경》의 본질을 잊은 성직자들의 화려하고 의례적인 삶과, 세속적인 영토를 얻기 위해 전쟁을 하며 세상을 피로 물들이는 사제와, 이를 간과하는 교황을 보며 그는 인간의 어리석음을 한탄했다. 물론 그 자신도 이탈리아에서 예술적인 삶의 쾌적함과 우아함을 맛보며 그 풍취를 알

레오 10세
르네상스 시대의 로마 교황 레오 10세. 로마를 유럽 문화의 중심으로 만들었다.

게 된 것을 부인할 수는 없지만, 이탈리아 교회의 잔혹성과 그에 대한 복합적인 감정을 가지고 그는 영국으로 향한다.

영국에 도착한 그는 절친한 친구 모어의 집에 머문다. 그곳에서 그간 그가 가졌던 비판적인 사색을 풍자적이면서도 익살맞은 문체로 단숨에 써내려간 것이 바로 《우신 예찬》이다. 에라스뮈스가 평소 이상적인 인간상으로 존경하던 친구 모어More의 이름을 떠올리게 하는 우신, '모리아Moria'가 '현자인 바보들을 꾸짖는다'는 연설조의 《우신 예찬》은 인간의 순수한 어리석음에 대한 예찬론이다. 이 작품에서 조롱의 대상이 되는 항목들은 사실 《엔키리디온》에서 그가 질책한 것들과 유사한데, 《우신 예찬》은 이 항목들을 풍자와 익살이라는 방식으로 변형한 것이라고 볼 수도 있을 것이다. 현자들의 오만과 가식이라는 어리석음을 꾸짖고, 복음의 진리를 즐거워하는 그리스도의 어리석음을 닮은 바보들을 감싸 안는 에라스뮈스의 《우신 예찬》은 기분을 전환하려는 듯 써내려간 유쾌한 소품이면서도 유머로 정신을 밝힌 독보적인 작품으로 널리 추앙받고 있다.

영국에서 에라스뮈스는 신학 관련 강의를 하고 일에만 매진하며 조용한 나날을 보낸다. 성인들의 글을 번역하고 저술 활동을 하는 가운데 고전과 그리스도교에 대한 관심을 모아 착수한 일이 《신약성경》 번역 작업이었다. 이 작업은 바젤에 가서도 이어지는데, 《성경》 연구 역사에 이정표와 같은 의미를 갖는 일이었다. 최초의 그리스어 《신약성경》을 책의 형식으로 펴냈다는 것뿐만 아니라, 이를 통해 사본들의 대조 작업이 이뤄졌기 때문이다. 하지만 《성경》의 본문을 새롭게 번역하고 비판적인 논평과 대중에게 손쉬운 주해를 붙인 그의 방법론이 진보적이었기 때문에 《신약성경》(1516)은 첫 출판 이후 기독교 진영과 학자들의 공격을 받게 된다. 학문적 비난뿐만 아니라 개인적 악담에 이르기까지 그의 《신약성경》에 대한 비난은 거셌고, 심지어 신학적인 정

통성까지 의심받는다. 끊임없는 설전 후에 그는 《성경》 원문 비평가로
서 몇 가지 오류를 교정하고 문제가 제기된 부분에 주해를 확장해 달
아 1519년 재판을 찍었으며, 자신을 불경하다고 모욕하는 사실에 참
을 수 없어 《변명Apologia》이라는 책도 출판했다. 하지만 상황은 나아지
지 않았다.

이 무렵 루터가 교황과 가톨릭교회의 권위에 도전하면서 가톨릭과
프로테스탄트 사이에 심각한 종교적 대립이 시작된다. 그런데 루터가
가톨릭교회에 대한 도전장처럼 제시한 95개 조항을, 또 교황 레오 10
세의 명에 따라 도미니쿠스 수도원에서 95개 조항에 대한 반박문을 내
걸면서 공방전이 불붙은 이때, 연옥에 대한 몇 가지 점을 제외한 루터
의 생각은 인정받을 것이라고 루터주의자에게 쓴 에라스뮈스의 편지
가 공개되면서 그는 루터파 지지자로 내몰렸다. 더구나 그의 저작 《엔
키리디온》의 내용이 루터의 견해와 유사하다는 주장이 제기되면서 소
요에 휩싸인다. 에라스뮈스는 "고대인이건 현대인이건 오류 없는 저술
가는 없습니다. 학교에서 가르치는 것이 모두 신의 뜻이라면 왜 학교
들은 서로 다른 견해를 드러내겠습니까?"라고 주장하며 의견 차이의
당연함을 두둔했지만, 에라스뮈스와 루터 두 사람의 개혁 프로그램이
상당 부분 일치했기 때문에 '에라스뮈스가 알을 낳았고 루터가 이를
부화시켰다'는 가톨릭 측의 지탄을 피하기는 힘들었다. 그런 가운데
루터는 《교회의 바빌론 유수The Babylonian Captivity of the Church》라는 신랄한
책자를 펴내면서 교황을 적그리스도라 공격하였고, 교황주의자들에
대한 루터의 비난이 점차 격렬해짐에 따라 에라스뮈스도 그를 지지하
기가 곤란해졌다. 루뱅에서는 루터와의 대결이 불가피했기 때문에 에
라스뮈스는 그곳을 떠나 바젤로 향한다. 바젤에서는 두 세력 간 중재
인의 역할을 할 수 있으리라 여겼기 때문이다.

하지만 루터의 《그리스도인의 자유The Freedom of the Christian Man》에 대

마르틴 루터
독일의 성직자. 그의 사상과 저술에서
종교개혁이 시작되고, 프로테스탄트가
탄생했다.

해 에라스뮈스가 《자유의지론De Libero Arbitrio》에서 그의 주장들을 반박한 것을 시작으로 두 사람 간의 견해 차이는 서로에게 상처를 입힌다. "당신은 참으로 회의주의자, 냉소적인 루키아노스입니다. 그러나 성령은 회의주의자가 아닙니다. 확신 없이는 종교가 있을 수 없음을 알지 못합니까?"라는 루터의 비난에, 에라스뮈스는 "그러나 사람들이 종교 전쟁에 빠져들면 진리는 어찌 될까요?"라는 말로 응수하며 기다리는 가운데 자비와 평온, 설득이 필요함을 주장하였다. 에라스뮈스는 1522~1524년에 교회의 가식적 의례를 빗댄 신랄한 《대화록》을 출간하기도 했지만, 바젤에서 그는 무엇보다 그리스도인들 사이에 자비가 필요하며, 그리스도교의 정수를 찾아야 한다고 강조하였다. 하지만 에라스뮈스는 자신이 어떤 글을 쓴다 해도 이단자라거나 혹은 회의주의자라는 비난을 피할 수 없을 것이고, 그 누구도 만족시킬 수 없다는 것을 예감하였다. 바젤에서 보낸 1522~1529년은 그의 생애에서 논쟁으로 얼룩진 시기다. 그는 바젤을 사랑했지만 바젤을 떠날 수밖에 없었는데, 혹자는 그 이유를 종교 문제 때문이라고 지적한다.

만년에 이르러 프로테스탄트에 대한 그의 논쟁은 또다시 날카로워졌는데, 논쟁은 특히 그가 늘 비난하던 성례전주의자들을 겨냥한 것이었다. 신앙 없는 성례전은 무익하고 외식주의外飾主義에 빠지게 만들기 때문이다. 본질적으로 복음주의자였던 그는 《교리문답》에서 다시 한 번 종교의 내면성을 강조한다. 에라스뮈스에 따르면, 신앙이란 단지 신념이나 사상이 아니라 전적인 헌신이다. 하지만 그리스도의 자비를 따르라고 한 그의 사상과 저작은 오인되어 금서 목록에 오르고, 후에 트리엔트 공의회에서 규제를 완화하기는 했지만 많은 부분 삭제되기도 했다.

그럼에도 유럽에서 에라스뮈스의 영향력은 지대하였다. 자유주의자들이나 그리스도교적 인문학자들, 회의주의자들, 이탈리아의 소키누스주의[●]자들은 그를 추종하였으며, 프랑스에서는 관용주의자들의 강력한 옹호를 받았다. 계몽주의 시대의 위대한 사상가 볼테르는 에라스뮈스가 너무 일찍 태어난 계몽주의자였음을 한탄하며 그를 칭송하였다. 영국에서는 그가 세상을 뜰 무렵 그의 영향력이 절정에 달했는데, 그의 저서가 대중적 인기를 얻으면서 영국 전체가 에라스뮈스적이었다고 말해도 과언이 아닐 정도였다. 특히 18세기에는 에라스뮈스의 풍자와 그의 재기 넘치는 유머가 재조명되면서 《우신 예찬》과 《대화록》이 문인들의 대대적인 사랑을 받았다.

에라스뮈스가 사람들이 말하듯 종교개혁의 반동자였는지, 아니면 선동자였는지 의견이 분분하지만 분명한 것은, 그는 오직 교회 안에서 편안함을 느꼈고 폭력보다는 침묵을 선택한 신앙인이었다는 것이다. 에라스뮈스는 '오로지 하느님의 섭리 가운데서 지금 나타나는 인간의 분노가 결국은 하느님에 대한 칭송이 되고, 이 모든 일의 주관자이신 그리스도가 이 비극에 하나의 행복한 결말을 내려주시길' 마지막까지 기도했다.

평생을 무욕의 순수한 어리석은 학자로 산 에라스뮈스가 죽으면서 남긴 마지막 말은 네덜란드어로 "오, 사랑하는 하느님!"이었다고 한다.

●**소키누스주의** 16세기에 일어난 종교운동. 가톨릭의 삼위일체설을 부인하고 예수를 신적인 존재일 뿐, 신이 아니라 사람이라고 주장했다. 이탈리아에서 시작됐으며 주로 폴란드에서 번성했다. 소지니주의라고도 한다.

로테르담의 에라스뮈스가
사랑하는 친구 토머스 모어에게 보내는 안부 편지

최근 나는 이탈리아에서 영국으로 가던 여행 길에 오랫동안 말을 타야 했네. 그런데 무사이(뮤즈)●와 전혀 관계없는 공허한 수다로 그 긴 시간을 버리고 싶지 않았지. 나는 우리의 공동 작업에 관련된 몇 가지 문제에 대해 생각해보거나 아니면 떠나온 친구들을 떠올려보고 싶었네. 얼마나 학식 있고 매력적인 친구들인지! 그 친구들 가운데 가장 먼저 자네가 생각났네. 오, 모어여, 자네가 없는데도 예전에 자네와 가까이 지냈을 때처럼 자네와의 추억이 날 즐겁게 하는군. 내 생애에서 그보다 더 달콤한 기쁨을 가질 수 있다면 죽음도 두렵지 않다네!

꼭 뭔가를 하며 시간을 보내고 싶지만 상황이 진지한 작업을 하기에는 적당하지 않아 장난삼아 우신에 대한 예찬을 써볼까 하는 생각이 들었네. 자네는 말하겠지, "어떤 팔라스가 자네에게 그런 생각이 들게 한 건가?"라고. 무엇보다 나는 자네의 모어●라는 이름이 우신, 모리아●라

●**무사이** 그리스 신화에 나오는 학예의 신. 영어로는 뮤즈라고 한다. 지금은 시와 음악의 여신이라고 하지만, 고대 그리스에서는 역사, 천문학까지도 포함하는 학예의 신이었고 그 수도 일정치 않았다. 로마 시대에 들어오면서 각각 맡은 일이 따로 있는 아홉 여신이 되었다. 무사는 단수, 무사이는 복수.

●**모어** 모어More는 라틴어로 '모루스 Morus'라고 한다.

●**모리아** 우신은 라틴어로 '모리아 Moria'라고 한다.

는 이름과 유사하다는 생각을 했기 때문이네. 사실 자네는 우신과는 거리가 있고, 심지어 모든 사람들은 자네를 우신의 대단한 맞수라고 인정하지. 하지만 자네는 내가 기분 전환 삼아 즐기는 정신적 유희에 동의해줄 것이라고 생각하네. 왜냐하면 자네는 수준 높고 유쾌한 것일 수 있다면 이러한 종류의 농담을 두려워하지 않고, 또 일상생활에서도 기꺼이 데모크리토스●처럼 행동하는 사람이기 때문이네. 분명 심오한 사유를 즐기고 속된 것을 멀리하지만, 자네는 호의를 베풀 줄 알고 참으로 관대하여 이 보잘것없는 이야기를 받아주고 즐길 줄 아는 사람이지 않나. 그러기에 자네는 이 하찮은 주장을 친구가 주는 기념으로 알고 너그럽게 받아들이는 것은 물론 잘 옹호해줄 것이라 믿네. 이제 자네에게 헌정하였으니, 이 글은 내 것이 아니네.

　이 글에 대해서 비방하는 자들이 얼마든지 있겠지. 그들은 이 글이 하찮으며, 어떤 부분은 심히 경박하여 신학자들에게 적합하지 않고, 다른 부분은 기독교도들의 신중함에 상처를 입힐 정도로 너무 신랄하다고 비난할 것이네. 그들은 내가 고대의 희극과 루키아노스●를 되살려내 모든 사람들을 혹독하게 비판한다고 세상 사람들에게 퍼뜨리겠지. 사실 주제의 경박함과 이런 농담 투의 어조에 불쾌감을 갖는 사람들은 내가 새롭게 바꾼 것이 아무것도 없다는 사실을 깊이 생각해보아야 할 것이네. 다른 위대한 작가들도 그만큼은 했지 않나. 이미 수세기 전에 호메로스는 '쥐와 개구리의 싸움'으로 조롱한 적이 있지. 베르길리우스는 '모기'와 '모레툼'●으로, 오비디우스는 '호두나무'로 비웃었고. 폴리크라테스는 이소크라테스가 비난한 폭군 부시리스 왕을 예찬하는 글을 썼고, 글라우콘은 부정에 대한 예찬론을 펼쳤으며 파보리누스는 테르시테스와 사흘열●을 찬양하였으며, 시네우스는 '탈모증'을, 루키아노스는 '파리'와 빌붙어 사는 '기식자'들을 칭송하지 않았나. 세네카는 클라우디우스 황제를 신격화하는 글을 썼는가 하면 플루타

에라스뮈스
데시데리위스 에라스뮈스(1466?~
1536), 네덜란드의 인문주의자. 수도
사였으나 교회의 타락을 비판했다.

르코스는 심지어 오디세우스(율리시즈)와 그릴루스의 대화론을 쓰며 스스로 만족했다네. 루키아노스와 아풀레이우스는 당나귀를 가지고 즐겼고, 성 히에로니무스의 저서에 언급된 누군가는 그루니우스 코로코타라 불리는 새끼 돼지의 유언을 가지고 장난을 치기도 했지. 검열관들이 여기에 동의해준다면, 그들은 내가 그저 체스를 두거나 아니면 아이처럼 빗자루 타기 놀이를 하면서 즐기려 했다고 생각할 걸세.

사람들은 모두 제각기 이러저러한 삶의 노역에서 벗어나 자유롭게 쉴 수 있어야 하네. 그런데 정신노동자들에게만 이러한 권리를 허락하지 않다니 이 얼마나 부당한 일인가! 특히 시시한 이야기가 심각한 주제로 이어질 때, 분별력 있는 독자가 이를 통해서 무겁고 엄숙한 수많은 논증에서보다 더 이득을 본다고 생각할 때는 더욱 부당하다는 생각이 드네. 어떤 사람은 수사학이나 철학에 대한 예찬론을 펴고 또 다른 사람은 군주를 찬양하는 글이나 터키군과 맞서 싸우라고 부추기는 글을 쓰기도 하네. 미래를 예언하는 작가들도 있고, 염소 털에 대한 여러 가지 문제를 생각해보기 위해 글을 쓰는 작가도 있지. 그런데 가벼운 문제를 심각하게 다루는 것보다 더 어리석은 것이 없고, 가벼운 것을 가지고 심각한 문제에 도움이 되도록 만드는 것보다 더 재기 넘치는 것은 없다고 생각하네. 나를 판단하는 것은 다른 사람의 소관이네만, 그럼에도 내가 지나친 자기애에 빠져 주제를 벗어나지 않았다면 아주 터무니없지는 않게 우신을 예찬했다고 믿네.

내가 다른 사람들을 괴롭혔다고 비난하는 사람에게 나는 이렇게 답할 것이네. 작가는 미친 짓을 하지만 않는다면 삶의 공통된 조건에 대해 늘 아무런 구속을 받지 않고 비웃을 권리를 갖는다고. 나는 화려한 아첨으로 과도하게 장식된 말만을 받아들이는 이 시대의 교활한 귀에 대해 감탄하네. 사람들은 예수 그리스도에 대한 심히 불경한 신성모독적 발언에는 덜 기분 상해하면서, 교황이나 특히 자신들의 생계와 관련된 군주에 대한 가벼운 농담에는 더 크게 화를 내지. 이런 일들을 보면 종교 자체도 거꾸로 이해된다는 듯한 생각이 드네.

　누군가를 지명하여 공격하지 않고 사람들의 풍속을 비판하는 것이 진정 물어뜯는 것인가? 오히려 교화하고 조언하는 것이 아닌가. 적어도 나는 나 자신에 대한 비판도 끊임없이 해오지 않았는가. 어떤 삶의 유형도 제외하지 않고 공평히 이뤄지는 풍자는 특정한 사람이 아니라 모든 사람의 악덕을 지적하는 것이 아닌가. 만약 어떤 사람이 일어나 자신이 상처받았다고 외친다면 그것은 결국 스스로 죄를 지었다고 인정하는 것이거나 아니면 적어도 불안해한다는 것을 드러내는 것이 아니겠나. 이런 종류의 글에서 성 히에로니무스●는 더욱 자유롭고 신랄한 면을 보여주었으며, 때로는 이름을 감추지 않고 지명하기도 했네. 내 경우, 한 사람의 이름이라도 발설하기를 삼갔고 문체를 극도로 자제하였으므로 현명한 독자라면 내가 그저 즐겁고자 한 것이지 비방하려 하지는 않았다는 것을 어렵지 않게 알 수 있을 것이네. 나는 유베날리스●처럼 숨겨진 악덕의 수렁을 들쑤시고 휘저은 것이 아니라 수치스럽다기보다는 우스꽝스러운 것들의 목록을 작성하고 분류한 것이라네. 이런 내 논리에도 전혀 진정되지 않는 고집쟁이가 있다면 그에게 우신의 공격을 영광스럽게 생각해달라고 간청할 것이네. 곧 그녀를 무대 위에 등장시켜 그녀의 성격을 낱낱이 보여주겠네.

　빈약하고 초라한 이유도 완벽하게 변호하는 자네 같은 변호사에게 이같이 많은 설명이 굳이 왜 필요하겠나? 자네의 것이 된 이 우신, 모리아를 옹호할 임무를 대가大家의 기량에 맡기네. 잘 있게. 뛰어난 웅변가 모어여!

1508년 6월 9일 시골에서

토머스 모어
토머스 모어(1477~1535), 이상적 국가의 모습을 그린 《유토피아》를 쓴 영국의 정치가이자 인문주의자. 에라스뮈스와 친교를 맺었다.

●**히에로니무스** 가톨릭 성인. 영어 이름은 제롬. 암브로시우스, 그레고리우스, 아우구스티누스와 함께 라틴 4대 교부로 일컬어진다. 그리스어 역본인 《70인역성경》을 토대로 하여 라틴어 역본인 《불가타성경》을 처음 개정한 것으로 유명하다.

●**유베날리스** 고대 로마 시인. 당시의 부패한 사회상을 풍자한 《풍자시집》으로 유명하다.

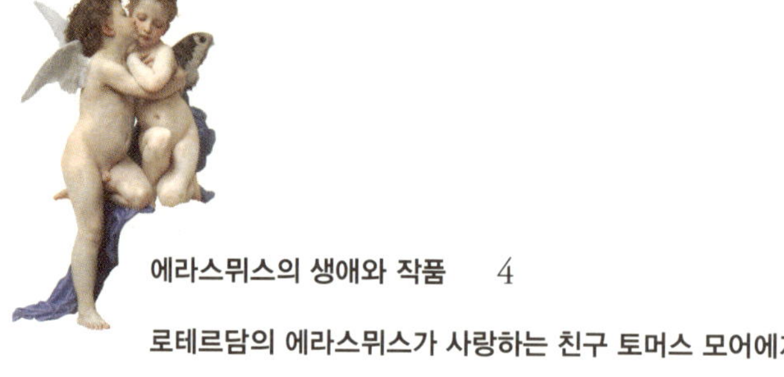

차
례

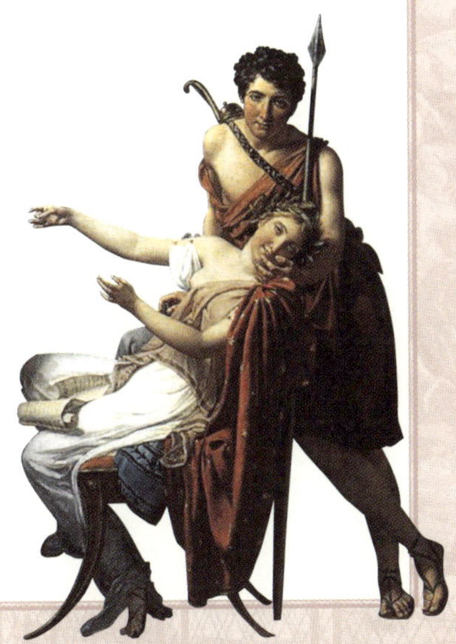

•• 일러두기

1. 이 책은 Pierre de Nolhac가 옮기고 Maurice Rat가 주해를 단 《Éloge de la folie》(GF Flammarion, 1964, Paris)를 원서로 번역하였다.

2. 지명, 인명 등 고유명사의 표기는 원칙적으로 '한글맞춤법'과 '외래어표기법'을 따랐다. 다만 관용적으로 쓰이는 경우는 관례에 따라 표기하였다.

3. 성서 구절은 원칙적으로 《공동번역성서》에 준하였다. 다만 성서 구절과 내용은 유사하지만 《성서》를 그대로 인용한 것이 아니라 에라스뮈스가 자신이 기억하는 대로 성서 구절을 읊은 경우는 에라스뮈스의 연설투의 어감을 살려 번역하고, 참조한 장과 절을 괄호 안에 표시하였다.

4. 괄호 안에 표기한 성서 구절의 출처와 ● 표기한 주는 옮긴이가 단 것이다.

우신 예찬

우신 예찬

1.

세상 사람들은 나에 관해 온갖 이야기들을 해댄다. 미치광이들조차
나 우신愚神에 대해 나쁜 말들을 수군거린다. 그렇지만 나, 오직 나만
이 유일하게 신과 인간들을 유쾌하게 만들어준다. 오늘만 해도 그 사
실을 분명히 알 수 있었다. 내가 수많은 청중 앞에 나타나자 당신들은
눈을 반짝이며 아주 즐거워했다. 당신들은 내 쪽으로 얼굴을 돌렸고
사랑스럽게 웃고 즐거워하며 내게 박수갈채를 보냈다. 조금 전만 해도
당신들은 마치 트로포니오스의 동굴*에서 도망친 이들처럼 걱정과 슬
픔에 싸여 있었는데, 지금은 마법의 음료를 섞은 신들의 넥타르*에 취
한 듯 보이니 말이다.

아름다운 햇살이 대지를 비추거나 매서운 겨울이 지나고 따뜻한 봄

이 찾아와 부드러운 바람이 불기 시작하면 자연은 모습을 바꾸고 모든 생명체는 새로운 색깔을 입고 다시 젊어진다. 이와 마찬가지로 당신들도 내 모습을 보자마자 얼굴 표정이 달라졌다. 존경받는 수사학자들이 대단히 공들여 준비한 연설을 한 후에야 급기야 얻어낼 수 있는 것, 말하자면 당신들의 마음속에서 권태를 몰아내는 일을 나는 내 모습을 보여주는 것만으로도 해낼 수 있다.

2.

오늘 내가 왜 이렇게 평소와 달리 우스꽝스러운 옷차림을 했는지는 내 말에 귀를 기울이면 알 수 있다. 당신들은 신성한 설교를 듣는 귀가 아니라 시장의 약장수나 광대, 익살꾼의 소리에 집중하는 귀, 아니면 판 신 앞에서 미다스 왕이 보여준 당나귀 귀를 하고 내 이야기를 들으면 된다.

나는 당신들 앞에서 젊은이들에게 지루하고 멍청한 짓거리를 가르치고 여자들의 수다보다 더 길게 늘어지는 쓸데없는 이야기를 들려주는 사람들처럼 조금은 궤변가*인 듯 보이고 싶기도 하다. 그래서 수치스러운 현자賢者라는 호칭보다는 궤변가라 불리기를 원한 옛사람들을 따라해볼까 한다. 그들은 열정을 다해 신과 영웅을 찬양하는 글을 지었다. 나도 그래볼까 하는데, 하지만 당신들은 헤라클레스* 예찬도 솔로몬 예찬도 아닌, 다름 아닌 나, 우신 예찬의 '연설을 듣게' 될 것이다.

3.

일단 현자들은 제쳐두자. 그들은 자화자찬하는 사람을 어리석은 미치광이라고 비난한다. 하지만 그 미친 짓이 내게는 경탄할 만한 일이다. 우신으로서 스스로의 영광을 자랑하고 외쳐대며 찬양하는 것보다 더 나은 일이 있겠는가! 누가 나보다 더 나를 진실하게 묘사할 수 있겠는가? 나는 나보다 나를 더 잘 아는 이를 알지 못한다. 게다가 수사학자나 시인들을 매수해서는 아첨이나 허구의 이야기를 꾸며내 자신들을 칭송하도록, 즉 순 거짓말을 하게 하고 대가를 지불하는, 점잖음을 가장한 현자나 고관대작들보다 자화자찬하는 내가 차라리 더 겸손하다고 생각한다. 그런데 공작의 꼬리처럼 부채를 펴들고 맵시를 뽐내며 정숙한 체하는 이 작자들은 오만하기가 그지없다. 파렴치한 아첨꾼들은 마음속으로는 정반대로 생각하면서도 이들의 무지함을 신과 비교하고는 온갖 미덕을 갖춘 표본인 양 이들을 치켜세운다. 빌려온 깃털로 까마귀를 치장하고 거무스름한 피부의 에티오피아인을 하얗게 만들고 흉측한 파리를 코끼리로 소개하는 것이다. 요컨대 오래된 속담을 빌려 이렇게 말하고 싶다. 자신을 칭찬해줄 사람을 찾지 못할 때는 스

솔로몬
기원전 10세기 중반에 활동한 이스라엘의 위대한 왕. 《구약성경》의 한 편인 〈아가〉의 저자로 추측되며, 〈잠언〉에는 그가 쓴 것으로 보이는 격언과 교훈이 실려 있다. 강력한 군사력으로 제국을 통치했고, 식민지를 건설했다. 대규모 토목공사를 벌여 수도 예루살렘에 유명한 솔로몬 성전을 세웠다.
〈시바의 여왕을 만나는 솔로몬〉. 1452~1466년, 산 프란체스코 성당(아레초)

● **궤변가** 궤변가는 소피스트라고 하는데, 원래 소피스트는 그리스어로 '영리한', '능숙한 사람'을 뜻했으나 점차 '현자'라는 뜻으로 사용되었다. 소피스트가 '궤변가'라는 뜻으로 쓰이게 된 것은 플라톤과 아리스토텔레스 때문인데, 플라톤은 소피스트들이 진리를 중요하게 여기지 않고 논쟁에서 승리하는 법만 가르쳤다고 평가했다. 로마 시대에는 일반적으로 수사학자나 산문 작가를 뜻했다.

● **헤라클레스** 그리스 신화에 나오는 최대의 영웅. 여신 헤라의 미움으로 발광하여 아내와 아들을 죽인 후 그 죗값으로 모험을 하게 된다.

스로 자신을 칭송하는 것이 옳다고 말이다.

그런데 지금 나는 인간들의 배은망덕함, 특히 그들의 무관심에 놀라고 있다. 모두 내게 환심을 사려 애쓰고 수세기 전부터 내가 베푼 혜택을 누리고 있으면서도 어느 누구도 나를 찬양하며 고마움을 표한 적이 없다. 이에 반해 부시리스와 팔라리스 같은 폭군과 사흘열, 파리 떼, 탈모증 등등 수많은 재앙에 경의를 표하며 아첨을 해대느라 밤새 잠 못 이루고 램프 기름을 소비하는 사람들이 있다. 이제 당신들은 내 즉흥 연설을 듣게 될 터인데, 그 연설은 준비되지 않은 것인 만큼 훨씬 더 진솔할 것이다.

4.

대부분의 숭배자들은 점잖고 엄숙하게 보이려고 이렇게들 말한다. 당신들도 알다시피 그들은 이 연설문을 30년 걸려 완성한 것이라느니, 다 끝내지도 않은 연설문을 가지고 겨우 3일 만에 놀면서 썼다느니 혹은 다른 사람에게 받아쓰게 했다느니 하고 맹세를 하는 것이다. 그렇지만 나는 입에서 나오는 대로 전부 말해버리는 방식에 대단히 즐거움을 느낀다.

당신들은 아마도 내가 수사학까지 동원해가며 여러 가지 관점에서 다양하게 나 자신을 정의 내리리라 기대할 것이다. 그러나 전혀 아니다. 나는 그런 흉내조차 내지 않을 것이다. 지상의 모든 것이 경의를 표하며 도처를 지배하는 신성神性을 제한하거나 분류해내는 것은 합당하지 않다. 내가 당신들 앞에 있고 또 당신들이 나를 두 눈으로 주시하고 있는데, 왜 내가 나를 정의하고 묘사하고 그리려 하겠는가? 알다시피 나, 우신은 라틴 사람들이 스툴티티아Stultitia라 부르고 그리스 사람들이 모리아Moria라 부르는 진정한 행복의 분배자다.

5.

이런 말을 할 필요는 없지만, 사람들이 말하듯 나의 정체는 이마와 눈에서 드러난다. 어떤 사람이 나를 미네르바나 지혜의 여신 사제스[●]로 여기고자 한다면 나는 아무런 말 없이, 거짓 없는 마음의 거울인 눈길 한 번으로 그를 깨우쳐줄 것이다. 나는 얼굴에 분칠 같은 것은 결코 하지 않으며 마음으로 느끼지 않은 것을 거짓으로 표정 짓지도 않는다. 어디에 있든 나는 내 모습 그대로를 내보인다. 나는 현자인 척 보이려

●**사제스** Sagesse는 프랑스어로 '지혜, 사려, 신중함'이라는 의미. 때에 따라서는 '여인의 정숙함'을 가리키기도 한다. 여기서는 지혜의 여신 미네르바를 일컫는다.

가장하지도 않으며 자줏빛 외투를 뒤집어쓴 원숭이나 사자 가죽을 쓴 당나귀처럼 어슬렁거리지도 않는다. 괴상한 차림을 하면 할수록 뾰족한 귀가 드러나면서 미다스인 것이 밝혀질 텐데 그럴 필요가 있겠는가.

내게 보호를 받고 있으면서도 은혜를 모르는 인간들은 대중 앞에서 내 이름을 부끄럽게 여기고 내 이름으로 타인을 욕되게 한다. 이들이야말로 가장 심각한 미치광이이며, 현자의 대접을 받고자 하는, 탈레스*가 되고자 하는 진짜 우신morotatoï들이다. 바로 이들을 현자-우신morosophoi이라 불러야 하지 않겠는가?

6.

그러고 보니, 나 역시 두 개의 혀를 사용하며 스스로를 신이라 칭하는 거머리 같이 집요한 수사학자들을 흉내 내고 말았다. 그들은 종종 이것저것 짜깁기한 라틴어 작품에 별것 아닌 그리스 단어 몇 개를 끼워 넣고는 대단한 것으로 생각한다. 뽑아 쓸 외국어 단어가 바닥나면 낡은

● **탈레스** 고대 그리스 철학자. 7현자 중 한 사람으로 만물의 근원을 물이라고 했다.

플루토스
풍요를 상징하는 뿔을 든 플루토스와
홀을 든 데메테르.

● 그리스 로마 신화에 나오는 신들. 카
오스는 혼돈의 신, 오르쿠스는 지옥의
신으로 하데스의 별칭, 크로노스는 농
경의 신, 이아페토스는 하늘과 땅의 아
들이라 불리는 거인족.

● **호메로스와 헤시오도스** 호메로스는
고대 그리스의 시인으로 유럽 문학에서
가장 오래된 서사시 《일리아스》와 《오디
세이아》의 저자로 알려져 있다. 헤시오
도스 역시 고대 그리스의 시인으로 영웅
서사시에 뛰어났다.

양피지로 된 고서에서 독자의 눈을 가려줄 만한
문구 네댓 개를 슬쩍 도용한다. 만약 그것들을
알아본 독자들이라면 거드름을 피울 것이고,
알아보지 못한 독자들이라면 모르는 만큼 더
욱 작가들에게 찬사를 보낼 것이다. 사람들은
극도로 낯선 것에서 커다란 즐거움을 맛보게 마
련이다. 그들의 허영심은 이런 것들 속에서 흥미
로움을 경험하게 해준다. 그들은 자신이 잘 이
해했음을 보여주려 웃고 박수를 치고 당나귀처
럼 귀를 쫑긋대며 말한다. "그거야, 바로 그거
라고!" 이제 다시 앞의 이야기로 돌아가 보자.

7.

이제 당신들은 내 이름을 알았을 것이다. 인간들이
여…… 여기에 어떤 수식어를 덧붙이겠는가? 참으로 어리
석은? 그래 좋다! 여신인 우신으로서 이보다 더 적절하게 나를 따르는
사람들을 규정지을 수는 없다. 그러나 그들은 내가 어디서 왔는지는
알지 못한다. 나는 무사이의 선의善意를 걸고 당신들에게 나를 설명해
볼까 한다.

카오스, 오르쿠스, 크로노스, 이아페토스,● 먼지투성이의 이 낡아빠
진 신들 가운데 어느 누구도 내 아버지가 아니다. 나는 인간과 신의 유
일한 근원인 플루토스에게서 태어났다. 호메로스와 헤시오도스,● 제우
스에게는 실례가 되겠지만 말이다. 예전이나 오늘날이나 플루토스의
간단한 몸짓 하나만으로도 신들의 세계와 인간의 세계는 뒤엎어질 수

있다. 전쟁도, 평화도, 정부도, 의회도, 재판도, 집회도, 결혼도, 조약
도, 동맹도, 법도, 예술도, 쾌락도, 노동도…… 헉, 숨이 가쁘군……. 모
든 인간의 공적이고 사적인 일을 마음대로 주관하는 자가 바로 플루토
스다. 그의 도움 없이는 시에 등장하는 모든 신성한 인물들, 말하자면
위대한 신들도 존재할 수 없을 것이며, 존재한다 하더라도 적어도 그들
은 자기 거처에서 고기반찬 없는 볼품없는 식사를 하게 될 것이다. 플
루토스의 화를 돋우는 자는 팔라스*가 몸소 나선다 해도 구할 수 없을
것이나, 플루토스가 보호하는 자는 제우스의 천둥조차 비웃을 수 있을
것이다. 이것이 바로 내 아버지다. 나는 그가 자랑스럽다. 내 아버지는
제우스가 우울하고 사나운 팔라스를 낳았듯 자신의 머리에서 나를 빼
낸 것이 아니라, 모든 요정 가운데 가장 매력 있고 싱그러운 헤베에게
서 태어나게 했다. 플루토스와 헤베는 헤파이스토스* 같은 절뚝이 대
장장이를 낳을 만한 좋지 않은 혼인관계를 맺은 것이 아니라, 호메로스
가 일컫듯 오로지 사랑으로 교제했는데, 이 사랑의 관계야말로 훨씬 더
달콤한 것이다. 청하건대, 제발 늙고 허약하여 제대로 앞도 보지 못하
는 아리스토파네스의 플루토스*는 떠올리지 말아주길. 내 아버지는 여
전히 정정하다. 그가 열정으로 불타는 이유는 단지 젊음 때문이 아니라
분명 신들의 향연에서 호탕하게 마신 넥타르 덕분일 것이다.

8.

오늘날 귀족의 지위는 태어날 때 첫 울음을 터뜨린 장소가 어디냐에
따라 결정되기 때문에, 내가 어디에서 태어났느냐고 묻는다면 나는 이
렇게 대답할 것이다. 난 델로스 섬에서 태어나지 않았고, 파도가 수없이
밀어닥치는 바다나 쪽빛 동굴에서 태어나지도 않았다고. 내가 태어난

헤베
그리스 신화에 나오는 젊음의 여신. 로
마 신화의 유벤투스에 해당한다. 호메
로스의 작품에서 그녀는 집안일을 돌
보는 신으로, 신들에게 넥타르를 따라
주는 일을 하는 것으로 나온다. 헤라클
레스가 불사신이 되어 하늘로 올라오
자 그의 아내가 되었다.
〈헤베〉 A. 카노바, 카노바 박물관(포사
뇨)

● **팔라스** 지혜와 정의의 여신. 아테나
의 다른 이름이다.

● **헤파이스토스** 그리스 신화에서 불의
신이자 대장간의 신. 로마 신화의 불가
누스에 해당한다. 제우스와 헤라 사이
에서 절름발이로 태어났기 때문에 헤라
가 천상에서 내쫓았다.

● **아리스토파네스의 플루토스** 아리스토
파네스뿐 아니라 그리스의 희극 작가들
은 대개 플루토스를 앞을 보지 못하는
장님으로 그렸는데, 이는 부富가 선한
사람이나 악한 사람을 가리지 않고 찾
아오기 때문이다.

● **몰리** 그리스 신화에서 흰 꽃에 검은
뿌리가 있다는 마법의 풀. 헤르메스 신
은 오디세우스에게 몰리를 주면서 그걸
먹은 다음 마녀 키르케가 주는 음식을
먹으면 그녀가 마법을 걸어도 아무 소
용이 없을 것이라고 했다.

● **파나케이아** 그리스 신화에서 초목으
로 만물을 치유하는 힘을 가진 여신. 의
술의 신 아스클레피오스의 딸이다. 로
마인들은 후에 모든 질병을 고칠 수 있
다고 상상한 특별한 약초에 '파나케이
아'라는 이름을 붙였다.

● **네펜테** 그리스 신화에서 망각을 통해
슬픔을 몰아내준다는 마법의 약. 트로
이 전쟁의 원인이 된 헬레네가 이집트
에서 복용했다고 한다.

● **암브로시아** 신들의 양식으로 맛있는
음식을 의미한다.

● **로토스** 망우수忘憂樹. 그리스 신화에
서 먹으면 황홀경에 들어가 속세의 시
름을 잊는다고 하는 과일나무 혹은 그
열매를 말한다.

곳은 농사를 짓지 않아도 수확을 거두는 행운의 섬이다. 그곳에는 노동
도 질병도 없고, 늙지도 않는다. 그 섬의 들녘에는 수선화, 접시꽃, 무
릇, 층층이부채꽃이나 잠두 같은 어디서나 볼 수 있는 식물은 자라지 않
는다. 하지만 그곳에는 어디든 우리의 눈과 귀를 즐겁게 해주는 몰리,
파나케이아, 네펜테, 꽃박하, 암브로시아, 로토스, 장미, 오랑캐
꽃, 히아신스 등 아도니스의 정원에서 봄 직한 꽃들로 가득하다. 이러
한 쾌락 속에서 태어난 나는 울음으로 인생을 맞이하지 않았고 어머니
를 향해 웃어드렸다. 나는 젖을 먹여주는 염소를 가졌다는 크로노스의

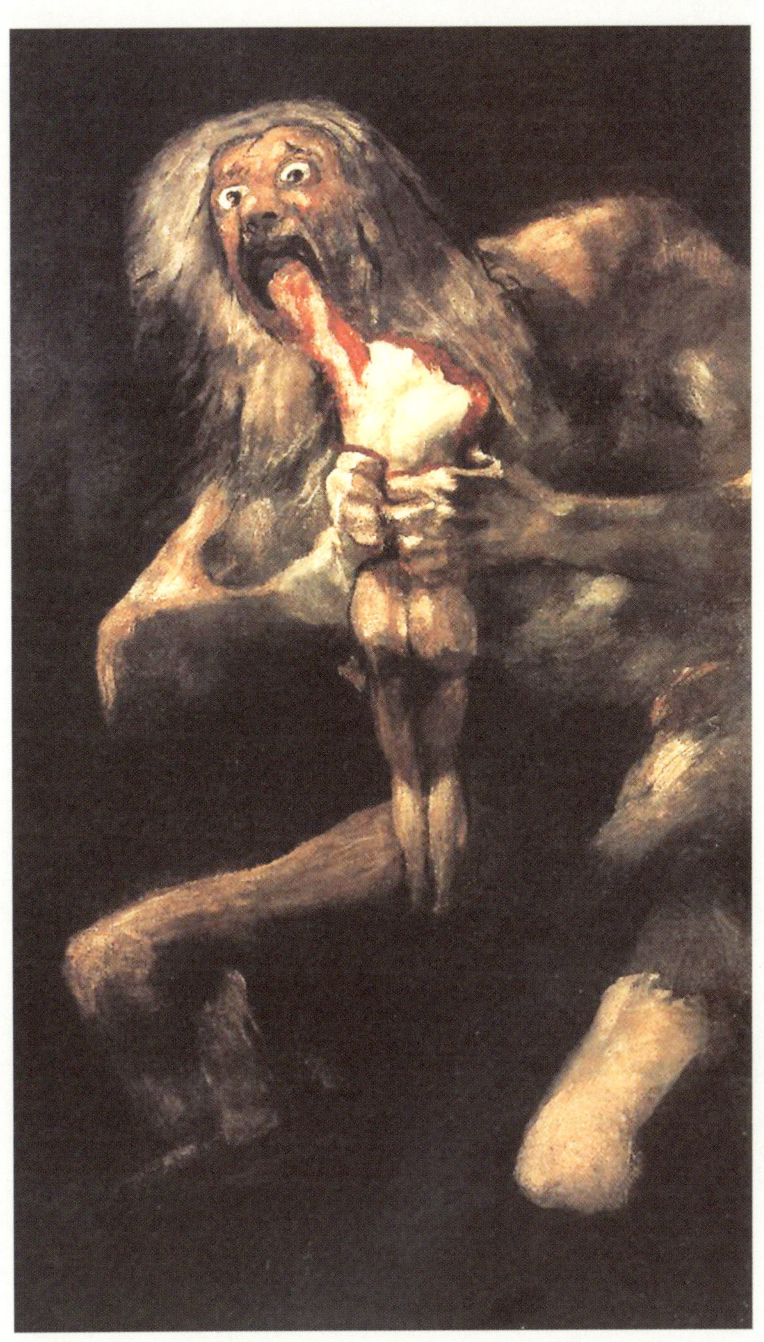

크로노스의 막강한 아들
그리스 신화에 나오는 신들의 왕 제우
스를 가리킨다. 크로노스는 아들에게
지위를 뺏긴다는 예언을 믿고 자식들이
태어나는 족족 삼켜버렸다. 그러나 제
우스가 태어나자 아내 레아는 배내옷에
돌을 싸서 대신 삼키게 하고 제우스를
크레타의 한 동굴에 숨겨놓았다. 제우
스는 그곳에서 아말테이아(님프 또는 암
염소)의 젖을 먹고 자란 후에 크로노스
를 몰아냈다.
〈자식을 잡아먹는 크로노스〉 고야, 1819
~1823년, 프라도 미술관(마드리드)

막강한 아들이 부럽지 않다. 왜냐하면 나는 매력 넘치는 두 요정, 디오니소스의 딸 '취기'와 판의 딸 '무지'의 젖을 먹고 자랐기 때문이다. 여기 내 동료들 속에서 그녀들을 찾아보라. 자, 이제 그녀들을 소개하겠다. 명예를 걸고 나는 그녀들을 오로지 그리스어로 부를 것이다.

9.

눈살을 찌푸리는 이는 필라우티아(자기애 혹은 자존심)다. 눈웃음을 지으며 손뼉을 치는 이는 콜라키아(플라트리아—아첨)다. 반쯤 졸음에 빠진 듯 보이는 이는 레테(망각)이고, 팔꿈치를 괴고 손을 깍지 낀 이는 미소포니아(게으름)다. 장미 화환을 쓰고 향유를 바르는 이는 헤도니아(관능)이며, 시선이 고정되지 않고 불안해 보이는 이는 아노이아(부주의)다. 살이 포동포동하며 혈색이 좋은 이는 트리페(무기력)다. 이 여신들 가운데 남신이 둘 있는데, 미식美食의 신과 깊은 잠의 신이다. 둘 다 내 시중을 드는데, 내가 세상을 다스리도록, 심지어 왕들까지 통치할 수 있도록 신실하게 나를 도와준다.

10.

당신들은 내가 태어난 곳 그리고 내가 받은 교육, 내가 속한 배경을 알게 되었다. 지금부터는 신으로서의 내 권한을 체계적으로 세우기 위해 내가 어떤 이로움을 신과 인간에게 제공하는지, 내 왕국의 세력이 어디까지 이르는지 보여줄 것이다. 귀를 활짝 열고 잘 들어보라.

누군가가 신의 속성은 인간의 고통과 부담을 덜어주는 것이라 했는

데 참으로 적절한 지적이다. 그러니 포도주와 밀가루를 만드는 법, 그 외 삶의 방편들을 가르쳐준 사람들을 신들의 모임에 받아들이는 것은 당연한 일이다. 그런데 모두에게 아낌없이 베풀어주는 나를 모든 신들의 근원으로 인정하지 않는 이유는 무엇이란 말인가?

11.

먼저, 삶보다 더 감미롭고 귀한 것이 또 있을까? 삶이 누구에게서 유래하는가? 그건 바로 내 덕택이 아닌가? 인류를 낳아 널리 퍼뜨린 것은 권력자 아버지를 가진 팔라스의 창도, 거대한 구름을 모여들게 하는 제우스의 방패도 결코 아니었다. 그렇지 않은가? 머리를 끄덕이는 신호만으로 올림포스 전체를 두려움에 떨게 만드는 신들의 아버지이자 인류의 주인인 그도 자식을 낳기 위해서는 벼락을 만들어내는 삼지창을 들고 신들을 공포에 몰아넣는 거인의 얼굴은 숨겨두고 희극배우처럼 가련한 얼굴을 해야 하지 않는가.

스토아 철학●자들은 신과 인간을 동등하게 보려는 이들이다. 내 앞에 세 배, 네 배 혹은 천 배나 스토아적인 학자를 한번 데려와 보라. 그는 아마 어떤 상황에서라도 현자의 상징인 염소와도 같은 수염●을 자르지 않을 것이다. 하지만 내 앞에서라면 이마의 주름을 펴고 거만한 태도를 바로 거둘 것이며 자신이 주장하던 불확실한 원칙들을 포기할 것이다. 어쩌면 바보 같은 말을 하고 바보 짓거리를 할 수도 있다. 그렇다. 스토아 학자라도 아버지가 되고 싶다면 내게, 바로 내게 도움을 청해야만 한다.

사실을 명백하게 말하지 못할 이유라도 있는가? 이렇게 하는 것이 내 방식이다. 자, 생각해보자. 무엇으로 신과 인간을 만드는가? 머리로? 아니면 얼굴로? 가슴으로? 손 아니면 귀처럼 정숙한 부분으로? 아니, 전혀 그렇지 않다. 인류를 널리 번식시켜 퍼뜨리는 그 부분은 너무 우스꽝스럽고 바보 같아서 웃지 않고는 언급할 수 없는 부분이다. 모든 존재는 피타고라스●의 4원소가 아니라 바로 이 신성한 샘●에서 생명을 퍼 올린다.

그리고 또 한 가지 묻고 싶다. 현자들이 그렇게 하듯 만약 결혼함으로써 초래되는 불편함을 미리 따져보았다면 결혼이라는 멍에를 쓰고자 목을 내밀 자가 있겠는가. 아이를 낳는 위험과 그 아이를 키우는 수고를 생각한다면 어떤 여자가 남자에게 가까이 가려 하겠는가? 결혼을 통해 생명이 잉태되듯, 결혼은 내 시녀인 '부주의'를 통해 이뤄진다. 그러니 모두 내게 얼마나 큰 은혜를 입고 있는 셈인가. 또한 여자들에게 '망각'이 없다면 어떤 여자가 또다시 출산의 고통과 양육의 수고를 반복하려 하겠는가? 루크레티우스●가 어떻게 생각하든, 내가 이 일에 개입하지 않는다면 아프로디테라고 해도 진정 자신의 능력을 사용할 수 없을 것이다.

●스토아 철학 기원전 3세기 초에 제논이 창시한 그리스 철학의 한 학파. 윤리학을 중요하게 여겼고 엄격한 금욕과 극기를 통해 자연에 순응하는 현자의 생활을 이상으로 여겼다. 참된 현자의 생활이란 인간이 자연에 의해 주어진 자신의 '운명'을 알고 그 운명에 따라 삶으로써 본원인 자연과 일치되는 삶이다. 그러므로 현자는 만물의 근원인 자연 그 자체로서의 신과 일치한 자이며, 바로 신 그 자체라고 보았다.

● 긴 수염, 망토, 지팡이는 스토아학파 철학자를 나타내는 상징이었다.

●피타고라스 고대 그리스의 철학자이자 수학자. 수數를 만물의 근원으로 보았고, '피타고라스의 정리'를 발견하여 과학적 사고를 구축하는 데에 큰 구실을 하였다.

●신성한 샘 여성의 생식기.

●루크레티우스 고대 로마의 시인이자 철학자. 미완의 철학시 《사물의 본성에 관하여》 6권을 남겼다. 그는 이 시에서 아프로디테를 최고의 생식신이라고 경의를 표했다.

술 취한 사람들이 펼치던 우스운 놀이를 근심스러워하며 얼굴을 찌푸리는 철학자들이 있다. 오늘날 이른바 수도승이라 불리는 자들과 자줏빛 예복을 걸친 왕들, 경건한 사제들, 세 배는 더 신성한 고위 성직자들, 심지어 시詩 속에 등장하는 여러 신들의 온갖 모임이 새로 자리를 차지하였는데, 이 무리들이 너무도 많아 광활한 올림포스 산도 그들을 다 수용하기가 어려울 정도다.

12.

나는 내가 생명의 씨앗이자 근원이라는 것을 밝히는 것만으로는 부족할 듯하여, 당신들 삶 속의 모든 유익한 것들이 내게서 비롯한다는 사실을 덧붙일 것이다. 그래서 이쯤에서 소포클레스*의 증언을 환기

●**소포클레스** 고대 그리스의 3대 비극 시인의 한 사람. 정치가로서도 탁월한 식견을 가지고 국가에 공헌하였다. 《안티고네》, 《오이디푸스 왕》 등 123편의 작품을 남겼다.

하려 한다. 사람들의 추앙을 그다지 받지 못한 그는 나에 관해 이렇게 말했다. "사람은 덜 현명할수록 더 행복하다." 이제부터 이 말의 핵심을 면밀히 검토해보자.

13.

유년기가 삶에서 가장 즐겁고 안락한 시기라는 것을 누가 모르겠는가! 우리가 아이들이 사랑스러워서 입 맞추고 쓰다듬는 것, 비록 적일지라도 아이에게는 도움을 줄 수밖에 없는 것은 아이들 안에 우신의 매력이 들어 있기 때문이 아닐까? 신중한 자연의 섭리는 신생아들에게 매력을 갖추게 하여 자신을 키워주는 사람에게 즐거움으로 보답함으로써 그들의 보호를 받을 수 있게 하였다. 이 시기에 뒤이어 청소년기가 온다. 청소년은 누구에게나 환영받고 격려 받는 존재이며, 사람들은 손을 벌려 그들을 감싸준다. 아이들의 매력은 어디서 생겨나는 것일까? 내게서 유래한 것이 아니라면 그들에게 이성을 갖추게 하고 동시에 근심을 덜어주는 자는 누구란 말인가? 내 말이 옳지 않은가? 아이들이 자라 생활방식을 배우고 익혀가면서 점차 그들의 매력은 시들고, 생기발랄함은 활기를 잃게 되며, 쾌활함은 차가워지고, 생명력은 쇠퇴하고 만다. 인간은 내게서 멀어져감에 따라 생명력이 줄어들어, 결국 자신에게는 물론이고 타인에게까지 짐을 지우게 되는 노년기가 찾아온다. 이 시기에 내가 또 한 번 나서서 그 많은 불행에서 그들을 구제해주지 않는다면, 어느 누구도 이 시기를 참아낼 수 없을 것이다.

신들이 변신을 통해 인간을 죽음에서 구하듯(시인들의 말에 따르면) 나는 시인들의 시를 통해 무덤에 묻힐 날이 가까워진 노인들을 유년 시절로 데려간다. 사람들은 늙으면 어린아이가 된다고 말하는데, 참으로 당연한 말이다. 나는 내 행동에 대해 감출 것이 없다. 내 시녀인 레테의 샘물은 행운의 섬에서 솟아오르는데(지옥의 샘물은 아주 작은 시냇물에 지나지 않는다), 나는 노인들을 그곳으로 데려간다. 그들은 그곳에서 영원한 망각의 샘물을 마신다. 고통은 녹아들고 그들은 다시 어려진다. 사람들은 노인들이 헛소리를 하며 똑같은 소리를 지루하게 되풀이한다고 생각한다. 사실 맞는 말이다. 노인들은 그런 식으로 다시 아이가 되는 것이다. 같은 말을 반복하고 두서없이 말하는 것, 그것이 바로 아이들의 매력이 아닌가. 어른처럼 논리정연하게 말하는 아이라면 가증스러운 괴물 같지 않겠는가? 다음과 같은 속담이 이것을 증명한다. "너무 일찍 조숙해진 어린아이는 혐오스럽다……."

오랜 세월을 살면서 쌓은 완벽한 경험과 강한 정신력, 게다가 판단력에 통찰력까지 갖춘 노인을 어느 누가 참아주면서 친구로 삼아 친밀하게 지낼 수 있겠는가? 차라리 노인들은 헛소리나 하라고 놔두자. 나, 우신의 지배를 받는 노인들은 현자처럼 고통받지 않아도 된다. 그들은 즐거운 술고래다. 좀 더 젊은 나이였다면 겪었을지 모를 삶에 대한 염증도 이제는 그리 타격이 되지 않는다. 때로는 늙은 플라우투스*처럼 유명한 세 글자*로 되돌아가기도 한다. 만약 노인들이 젊었을 때처럼 여전히 이성적이라면 지금 매우 불행하겠지만, 내 은혜를 받은 그들은 친구들 사이에서나 사회에서나 유쾌하고 즐겁다. 호메로스의 작품을 보면, 네스토르*의 입에서는 꿀보다 더 달콤한 말이 흘러나오는 반면, 아킬레우스의 연설에서는 쓴맛이 넘쳐흐른다. 호메로스는 또한 도시의 담벼락 아래서 이야기꽃을 피우는 노인들을 묘사하기도 했다. 이런 점에서 노인들은 어린아이보다 나아 보인다. 어린아이들이 좀 더 사랑스러운 것은 틀림없는 사실이지만 수다를 떨 수 있는 인생 최고의 쾌

아킬레우스

그리스 신화에 나오는 영웅. 걸음이 몹시 빠르며 트로이 전쟁 때 큰 공을 세웠다. 불사신이었으나 트로이 왕자 파리스에게 유일한 약점인 발뒤꿈치에 화살을 맞아 죽었다.
〈아킬레우스와 아이아스〉 게임을 하고 있는 아킬레우스와 아이아스. 기원전 540~530년, 바티칸 박물관(로마)

락은 맛보지 못하니 말이다.

노인들은 어린아이를 아주 사랑하고 아이들도 노인을 무척이나 좋아한다는 말도 덧붙이고 싶다. 왜냐하면 그들은 서로 닮았기 때문이다. 주름살이 있고 없고와 나이만 다를 뿐이다. 옅게 빛나는 머리카락, 이가 빠진 입, 마른 몸, 우유를 좋아하는 것, 말을 더듬는 것, 재잘대는 것, 어리석음, 좋지 않은 기억력, 경솔함 등 모든 점에서 그들은

서로 비슷하다. 늙어갈수록 점점 더 닮아져서 결국 노인들은 어린아
이처럼 삶을 유감스러워하지도, 죽음을 느끼지도 못하는 상태에서 삶
을 마감하는 순간에 이른다.

14.

이제 내가 당신들에게 베푸는 자비와 다른 신들이 마음대로 부리는
변신의 재능을 비교해보라. 그들이 홧김에 한 행동에 대해서는 아무 말
도 하지 않겠다. 그러나 그 신들은 자신들이 가장 총애하는 이들을 어
떻게 하였는가? 나무나 새, 매미, 심지어 뱀으로 만들지 않았는가. 형태
가 바뀌는 것은 죽는 것이 아니라는 듯이! 그러나 나는 인간을 그의 삶
에서 최고로 행복한 시간으로 데려간다. 만약 인간이 지혜와 인연을 끊
고 나와 함께 계속 살 결심을 했다면, 그들은 죽음의 두려움 대신 늘 젊
음의 쾌락을 느끼게 될 것이다. 당신들은 어려운 철학 문제에 매달리거
나 힘든 사업 걱정으로 우울하게 사는 사람들을 보지 않았는가. 그들은
대부분 젊음을 느끼기도 전에 늙어버리기 일쑤인데, 지나친 사고思考로
긴장감이 계속돼 점차 생명의 숨결과 활기가 고갈돼버리기 때문이다.
반대로 내 은혜를 받은 미치광이들은 진정 살지고 기름져 번들거리는
아카르나니아의 돼지*와도 같다. 만약 현자들에게 전염되지 않도록 아
주 조금만 주의를 기울인다면, 노인이 되어 겪는 불편함은 결코 생기지
않을 것이다. 인간은 완벽하지 못해서 간혹 현자들에게 감염되기도 하
는데, 그것은 다음과 같은 격언의 무게를 잊었기 때문이다. "광기만이
젊음을 유지하게 해주며, 유감스러운 노년기를 물러나게 한다."
　　사람들은 나이의 영향을 별로 받지 않는 브라반트* 지역 사람들을
칭송하는데, 참으로 맞는 말이다. 그들은 나이를 먹을수록 점점 더 바

●**아카르나니아의 돼지** 아카르나니아
는 이오니아 해에 인접한 고대 그리스
의 지방으로, '아카르나니아의 돼지'라
는 말은 우매한 이 지역 사람들을 일컫
는 표현이다.

●**브라반트** 벨기에 중북부에서 네덜란
드 남부에 이르는 지역. 중세에는 신성
로마 제국에 속하는 브라반트 공국이
있었다.

보가 된다. 그들만큼 마음 편히 살고 늙는 것을 슬퍼하지 않는 사람들도 없을 것이다. 브라반트와 이웃한 네덜란드도 국경을 접한 만큼 관습이 비슷하다. 그러니 나를 숭배하는 이 선한 네덜란드인들을 '네덜란드의 미치광이들'이라고 부르며 나의 동포라고 하지 못할 이유가 있겠는가? 그들은 사람들이 이렇게 부르면 얼굴을 붉히는 것이 아니라

오히려 자랑스러워한다.

자, 어리석은 인간들이여, 이제 메데이아●에게든, 키르케●에게든, 아프로디테에게든, 에오스에게든, 아니면 아무 샘으로든 가서 젊음을 되돌려달라고 청해보라. 하지만 오로지 내게만 젊음을 되돌릴 수 있는 놀라운 묘약이 있지 않은가. 그 묘약 덕분에 멤논의 딸은 자신의 조부모인 티토노스●의 젊음을 연장해줄 수 있었다. 또 나만큼 능력이 있는 아프로디테는 사포가 반할 정도로 파온에게 젊음을 되찾아주었다. 내가 갖고 있는 약초(실제로 있다)와 기도 그리고 내 샘의 효력으로 사라졌던 젊음이 되살아난다. 이제 사람들이 바라는 것 그 이상의 젊음은 더 사라지지 않는다. 만약 당신들이 젊음이야말로 최고의 것이고 늙는 것이 불행 가운데 가장 끔찍한 것이라고 생각한다면, 젊음을 가져다주고 늙는 것에서 벗어나게 해주는 나야말로 당신들에게 얼마나 많은 도움을 주고 있는 것인지 알 수 있을 것이다.

디오니소스

그리스 신화에 나오는 포도주와 광기의 신. 세멜레와 제우스 사이의 아들이다. 세멜레가 죽자 제우스는 그녀의 태중에서 채 여섯 달도 되지 않은 아이를 잽싸게 꺼내, 곧바로 자신의 허벅지에 넣고 꿰맸다. 석 달 후 건강해진 아이를 다시 꺼냈는데, 이 아이가 디오니소스다.

〈디오니소스〉 미켈란젤로, 1497년, 바르젤로 국립박물관(피렌체)

● **고르곤** 그리스 신화에 나오는 머리카락이 뱀인 괴물.

그러나 죽음을 맞이할 수밖에 없는 인간에 대해서는 이제 이야기하지 말자. 하늘나라 곳곳을 돌아보라. 사람들이 찬미하는 신들 가운데 나의 고객이 아닌 신이 단 한 명이라도 있다면 나를 모욕해도 좋다. 디오니소스는 왜 늘 아름다운 머릿결을 가진 젊은이일까? 그건 바로 그가 축제와 춤, 노래와 놀이를 즐기고 팔라스와는 조금도 교류하지 않기 때문이다. 그는 현자가 되기를 전혀 바라지 않으며, 그가 좋아하는 의식은 오로지 익살과 농담으로 가득 차 있다. 그는 '모뤼코스보다 더한 미치광이'란 말에도 분노하지 않는다. 모뤼코스라는 이름은 그의 신전 입구에 세워진 동상에서 유래한 것인데, 농부들은 포도즙과 무화과로 이 동상을 더럽히며 즐겼다. 고대 희극을 통해 그가 받은 수모는 또 얼마나 심했는가! 사람들은 "바보 신, 허벅지에서 태어난 것이 틀림없어!"라고 말했다. 그러나 확신보다는 두려움을 갖게 만드는 제우스나 도처에 혼란의 씨앗을 흩뿌려놓는 늙은 판, 대장간에서 일하느라 늘 더러운 재를 뒤집어쓰는 헤파이스토스, 고르곤●과 창으로 계속 위협을 가하는 무서운 눈초리의 팔라스가 되기보다는 항상 즐거우며 젊음을 유지하는 미치광이, 바보가 되기를 그 누가 좋아하지 않겠는가? 에로스는 늘 어린아이의 모습이다. 왜 그럴까? 천성이 가벼운 그는 아무것도 근심하지 않으며 어느 것 하나 분별 있게 생각하지 않기 때문이다. 황금빛 아프로디테는 어찌하여 영원한 봄의 아름다움을 지니고 있는가? 그녀는 나와 혈통이 유사해 내 아버지의 모습을 닮았다. 그래서 그녀를 황금의 아프로디테라 부르기도 한다. 시인이나 그들의 경쟁자인 조각가들은 그녀가 항상 미소를 띠었다고 말한다. 모든 쾌락의 어머니인 플로라보다 로마인들의 사랑을 더 많이 받는 신은 누구란 말인가? 호메로스의 작품 도처에 등장하는 가혹한 신들의

에로스
그리스 신화에 나오는 사랑의 신. 아프
로디테의 아들로, 활과 화살을 가지고
다니는 나체의 어린이로 많이 묘사된다.
〈에로스와 프시케〉 부그로, 1889년

●**모모스** 그리스 신화에서 조롱, 야유,
풍자 따위를 의인화한 여신.

●**아테** 착각과 실수를 의인화한 파멸과
악운의 여신. 제우스의 노여움을 사 천
상에서 쫓겨나 인간에게 붙어다닌다고
한다.

●**프리아포스** 기형적으로 거대한 남근
을 가진 생식의 신. 흔히 아프로디테의
아들로 통한다. 아프로디테는 자신과
아들이 신들의 웃음거리가 될까 봐 프
리아포스를 낳자 산속에 버렸다. 그 후
그는 포도원과 정원 특히 과수원의 파
수꾼이 되었다. 그는 수확에 피해를 주
는 나쁜 자들의 주문을 무효로 만드는
힘을 가졌기 때문이다.

●**헤르메스** 그리스 신화에 나오는 전령
의 신. 태어난 지 얼마 안 돼 강보에서
빠져나와 형 아폴론이 돌보던 소를 훔쳐
킬레네의 동굴로 도망쳤다. 헤르메스는
그곳에서 잡은 거북의 등딱지에 소의 내
장으로 만든 줄을 달아 최초의 비파를
만들었다. 원래 길을 지키는 신이었으나
점차 나그네의 수호신이자 상업, 변론,
행운, 도둑의 신 등으로 확대되었다. 날
개 달린 모자와 신발을 착용하고 전령의
지팡이를 든 모습이 특징이다.

행동에서 우리는 무수한 광기의 흔적을 찾아볼 수 있다. 예를 들어 당
신들은 벼락을 관장하는 제우스의 사랑과 애정놀음을 잘 알지 않는
가. 자신이 여자임을 잊은 채 사냥에만 몰두하던 잔인한 아르테미스
도 엔디미온을 향한 사랑 때문에 몰락하였다. 모모스●는 예전에 종종
그랬듯이 신들에게 그들의 진실을 알리고 싶었지만, 신들은 모모스의
질책 때문에 자신들의 신성한 행복이 방해받는다고 화를 내며 아테●
와 함께 모모스를 땅으로 내쳤다. 그리고 이승에서 추방된 모모스를
아무도 받아들이지 않았다. 특히 왕들이 거처하는 궁에서는 더욱이
그녀를 받아들일 수 없었을 것이다. 궁에는 나의 추종자인 '아첨'이
제1서열을 차지하고 있는데, 모모스와는 마치 양과 늑대처럼 사이가
좋지 않기 때문이다.

신들은 모모스를 몰아낸 후부터 좀 더 즐겁고 자유롭게 삶을 즐기고
있다. 호메로스가 언급했듯, 신들은 하는 일 없이 안락한 생활을 누리지
만 아무도 그들의 삶을 비난하지 않는다. 무화과나무 숲의 프리아포스●
는 신들에게 얼마나 조롱을 받는가! 또한 신들은 헤르메스●가 좀도둑

아르테미스

그리스 신화에 나오는 야생동물·
사냥·식물·순결·출산의 여신.
로마 신화의 디아나에 해당한다.
님프들과 함께 산과 숲, 늪지를
춤추며 돌아다니는 것을 좋아하
는 야생적인 성격의 여신이다.
〈사냥하는 아르테미스〉 안드레아
카마세이, 국립고대미술관(로마)

엔디미온

그리스 신화에 나오는 잘생긴 목
동으로, 삶을 거의 잠으로 보냈
다. 어느 날 제우스가 엔디미온에
게 원하는 것을 들어주겠다고 하
자, 엔디미온은 젊음을 유지하기
위해 영원한 잠을 택했다. 그를
사랑한 달의 여신 셀레네는 매일
밤 자고 있는 그를 찾아왔고, 그
와의 사이에서 50명의 딸을 낳았
다. 그리스 신화에서 셀레네는 아
르테미스와 동일시되었다. 낭만
파 시인 존 키츠는 장시長詩 〈엔
디미온〉(1818)에서 엔디미온을
디아나(아르테미스) 여신의 연인
으로 그렸다.
〈엔디미온과 셀레네〉 푸생, 1630
년경, 인스티튜트 오브 아트(디트
로이트)

●**실레노스** 산과 들에 사는 정령. 수염
이 덥수룩한 노인의 모습인데 때로는 납
작코에 두꺼운 입술, 황소 같은 눈매, 말
의 귀·발·꼬리 등을 가진 아주 못생긴
모습으로 그려지기도 한다. 지혜가 많아
서 그를 붙잡기만 하면 그가 가진 지혜
를 빼낼 수 있다고 하며, 반인반수인 사
티로스와 혼동되는 일이 많다.

● 고대 그리스에서 볼 수 있었던 그로
테스크(괴상하고)하고 다소 외설적이던
춤. 술에 취한 사람, 방탕한 사람들을
흉내 내며 사지를 요상하게 비틀고 흐
느적거리는 움직임이 특징이다.

질을 하기 위해 위장하는 것을 보고 얼마나 즐거워하는가! 연회에서
늘 광대 노릇을 하는 헤파이스토스는 절뚝거리며 걸어와 터무니없고
간교한 말로 사람들을 모두 포복절도하게 만들어버린다. 이어서 늙은
호색한 실레노스●가 몸집 큰 폴리페모스와 함께 신들 앞에 나와 코르
다스●를 추고, 님프 합창단은 맨발 춤을 추며 신들의 기분을 돋워준다.
염소 다리를 가진 사티로스들은 장난스러운 익살극을 펼쳐 보인다. 판
이 바보스러운 노래를 부르며 신들을 모두 박장대소하게 만들기라도
하면, 신들은 무사이의 노래보다 판의 노래를 더 좋아한다. 특히 넥타
르의 취기가 머리끝까지 올라올 즈음이 되면 더욱 그렇다. 한껏 술을
마신 신들이 식사 후 어떤 행각을 벌이는지 어떻게 말로 다 하겠는
가? 그 미친 짓거리들을 보면서 나는 몇 번이나 웃음을 참을 수 없었

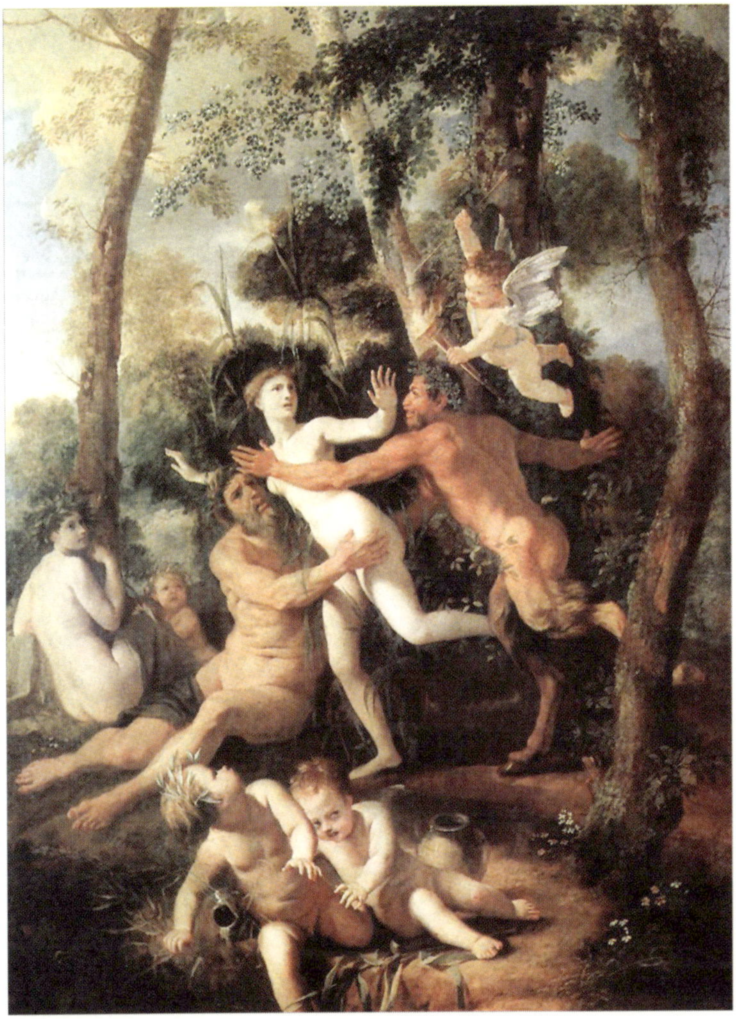

사티로스

그리스 신화에 나오는 반은 사람이고 반은 짐승인 괴물. 얼굴은 사람의 모습이지만 머리에 뿔이 있고 하반신은 염소를 닮았다.

〈판과 사티로스〉 푸생, 1637~1638년, 게멜데 미술관(드레스덴)

다. 그러나 이 얘기는 하르포크라테스• 처럼 침묵하는 편이 낫겠다. 모모스가 함부로 말한 대가로 벌을 받았듯, 우리가 하는 말을 코리카이오스 동굴• 에 사는 어떤 신이 듣기라도 할까 봐 두렵기 때문이다.

● **하르포크라테스** 침묵의 신. 이집트 신화에 나오는 오시리스와 이시스의 아들 호루스의 다른 이름.

● **코리카이오스 동굴** 아폴론과 무사이가 살았다는 파르나소스 산의 동굴.

16.

호메로스가 말하듯, 이제 하늘을 떠나 땅으로 되돌아올 시간이 되었다. 만약 내가 인간 세상에 관여하지 않는다면 당신들은 아무런 기쁨도, 행복도 맛보지 못할 것이다. 우선 인류를 낳아 만든 자연의 여신이 어떤 예지력을 가지고 만물에 광기의 씨앗을 뿌려두었는지 보라. 스토아 학자들은 지혜는 이성에 의해 인도되고, 광기는 정열의 움직임을 따른다고 말한다. 제우스는 인간의 삶이 슬프고 지루하지 않도록 인간에게 이성보다 정열을 더 많이 주었다. 어떤 비율로? 24대 51로. 게다가 제우스는 이성은 머릿속 한쪽 구석에 처박아두었고 온몸은 정열에 내맡겼다. 그러고는 고립된 이성에 두 폭군을 대치해놓았다. 바로 생명의 샘물인 심장과 함께 가슴의 성채를 지키는 '분노'와 아랫배까지 거대하게 펼쳐진 왕국을 지배하는 '욕망'이다. 이 두 강력한 폭군이 힘을 합해 대항하면 이성은 어떻게 스스로를 지켜내는가? 사람들의 습관이 이것을 잘 보여준다. 이성은 의무라는 명령을 목이 쉴 때까지 울부짖는다. 그러나 울부짖는 이성의 소리는 욕설과 비난에 덮여버리고, 이성은 결국 교수형을 당하러 형장으로 가는 왕처럼 침묵하게 되며 정복되고 만다.

17.

그렇지만 남자는 만물을 지배하는 존재이므로 여자보다 1온스*가량 더 많은 이성을 부여받고 태어났을 것이다. 제우스가 다른 문제와 마찬가지로 이 점을 내게 의논해왔기에, 나는 나다운 조언을 해주었다. 그건 바로 남자에게 여자를 엮어주라는 것이었다. 나는 이렇게 말했다. “여자는 사실 무모하고 비합리적인 동물이지만 매력적이고 동시에 즐거움도 주므로 가정생활에서 여자의 어리석음이 남자의 진지함과 섞이면 여러 가지 불편이 덜어질 것이오.” 물론 플라톤은 이성적인 존재 가운데 여자를 포함하는 것을 망설였는데, 이것은 그저 여자의 비이성적인 면을 암시한 것이지 다른 의도는 없었다. 혹시 지혜로워 보이고자 하는 여자가 있다 해도, 그 여자는 자신의 어리석음을 배가할 뿐이다. 소에게 기름을 발라 격투를 시킬까? 아테나가 그것을 허락할까? 자연을 거스르지 말지어다. 자신의 악덕을 미덕으로 포장하고 재주를 과장하면 악덕이 가중되게 마련이다. 그리스 속담에 “원숭이는 자줏빛 옷을 걸쳐도 원숭이다.”라는 말이 있다. 마찬가지로 여자는 아무리 가면을 쓴다 해도 소용이 없다. 여자는 변함없이 여자, 다시 말해 미치광이일 뿐이다.

내가 여자에게 광기를 부여한 것 때문에 여성인 나, 우신을 원망할 텐가? 결코 그런 것이 아니다. 좀 더 깊이 생각해보면, 많은 점에서 여자가 남자보다 더 행복한 것은 여자가 부여받은 어리석은 광기 때문이다. 무엇보다 여자는 남자보다 아름답다는 장점을 가지고 있다. 여자는 아름다움을 소중하게 생각하며, 이것을 무기로 폭군까지도 제 마음대로 휘두른다. 남자는 거친 외모와 꺼칠꺼칠한 피부, 덥수룩한 수염 때문에 늙어 보이는데, 이 모든 것이 지혜를 의미한다. 그러나 항상 반들반들 윤기 나는 뺨에 온화한 목소리, 부드러운 피부를 가진 여자는 영원한 젊음의 특징을 지녔다. 최대한 남자의 마음에 들고자 노력하는 것 외에 여자가 자신의 삶에서 찾고자 하는 바가 또 있겠는가? 그토록 열심히 단장을 하고 분을 바르고 목욕을 하고 머리를 매만지고 향유와 향수를 뿌리며 스스로를 가꾸는 것, 얼굴과 눈에 화장을 하는 것이 바로 이런 이유가 아니겠는가? 이때 남자에게 여자를 가장 잘 이끌어가는 자가 바로 우신이다. 남자가 여자에게 모든 것을 다 해주겠다고 약속하고 그 교환의 대가로 바라는 것은 무엇인가? 바로 쾌락이다. 그런데 이 쾌락은 반드시 우신의 힘을 통해서만 가능하다. 남자가 쾌락을 원할 때마다 여자에게 들려주는 어리석은 이야기들, 그녀의 마음을 얻기 위해 해대는 바보 같은 짓을 생각해본다면 정말 확실한 일이다.

자, 이제 당신들은 삶의 첫 번째 즐거움이 무엇인지, 가장 커다란 쾌락이 무엇인지, 또 그 즐거움이 어디서 비롯되는지 알았을 것이다.

18.

그렇지만 어떤 이들, 특히 노인들은 여자보다도 술병과 더 친하고 술자리에서 인생 최고의 행복을 찾는다. 그런데 여자 없는 술자리가 즐거운 시간이 될 수 있을까? 이것에 대해서는 사람마다 다르게 판단할 것이다. 하지만 확신하건대, 술자리는 우스꽝스러운 짓거리로 흥취를 돋워야 제 맛이 난다. 진짜든 가짜든 모임에 활기를 불어넣는 사람이 없다면, 돈을 주고라도 재미있는 광대나 식객을 불러서 그들의 걸쭉한 재담과 미친 듯한 짓거리로 지루함과 침묵을 몰아내는 것이 좋다. 눈과 귀, 영혼이 온전하게 웃음과 농담, 유쾌한 말의 유희를 즐기지 못한다면, 넘쳐나는 감미로운 요리로 배를 채운들 무슨 소용이랴? 그런데 이 여흥을 북돋기 위한 놀이를 주관하는 자가 바로 나다. 향연의 모든 관습, 임금 뽑기, 주사위 던지기, 건배하기, 돌아가며 노래하고 춤추기, 무언극 등을 만들어낸 것은 그리스의 7현자●가 아니다. 바로 내가 인류의 행복을 위해 만들어낸 것이다. 이 놀이들의 특징은 우스꽝스러운 짓거리가 포함될수록 더욱 인간들을 매혹한다는 것이다. 삶이 서글프면 그것은 인생이라 할 수 없다. 슬픔과 그의 사촌 격인 권태에서 벗어나려면 이러한 방법들을 동원할 수밖에 없다.

●**그리스의 7현자** 고대 그리스 시대의 일곱 현자. 가장 오래된 7현자는 탈레스, 비아스, 피타코스, 클레오불로스, 솔론, 킬론, 페리안드로스를 말한다. 후대로 내려오면서 7현자에 거명되는 사람이 20명에 이르렀으나, 위에 열거한 일곱 명이 대표적이다. 정치적으로 혼란하던 당시 그리스인들은 사회적, 정치적 활동과 업적에서 뛰어난 일곱 명을 골라 이상적인 인물로 뽑았다.

어떤 이들은 이런 종류의 쾌락을 경멸하고, 차라리 우정의 즐거움과 교제에 더 집착할 것이다. 그들은 우정이 이 세상에서 무엇보다 중요하다고 단언한다. 물론 우정이 공기나 불, 물보다 덜 중요하다고 할 수는 없다. 우정의 매력은 그만큼 대단하기 때문에 사람들 사이에서 우정이라는 감정을 없애버리는 것은 마치 그들에게서 태양을 빼앗는 것이나 마찬가지일 것이다. 결국 이렇게 말하면 우정을 더욱 권장하는 것이 될 텐데, 철학자들도 우정을 가장 위대한 재산 목록으로 삼기를 주저하지 않는다. 그런데 사실 나는 이 중요한 가치인 우정이 커다란 재산의 머리이자 꼬리라는 사실을 증명할 수 있다. 내 증명에는 악어 삼단논법●이나 기묘한 연쇄삼단논법,● 그 외에 다른 변증법적 역설은 들어 있지 않다. 그저 상식만 있으면 충분하다. 당신들은 이 점을 확실히 알게 될 것이다.

한번 살펴보자. 친구의 결점을 눈감아주거나, 무시하거나, 묵인하거나, 환상을 갖거나, 친구의 가장 두드러진 장점을 가지고 아첨하며 환심을 사려 드는 것은 이성적인 행위가 아니지 않은가. 어떤 사람은 전염되는 것에 상관없이 자기 정부情婦의 몸에 난 무사마귀에 입을 맞추고, 또 어떤 사람은 사랑하는 이의 코에 돋은 종기 냄새를 들이마시며 희열을 느낀다. 어떤 아버지는 사팔뜨기 아들을 바라보며 삐딱하게 쳐다보느라 그렇다고 말하기도 한다. 이러한 것들이야말로 바로 진정한 광기가 아닌가? 다시 말하자면, 가까운 사람들을 이렇게 하나로 묶어주는 것이 바로 광기의 힘이다.

이제 모든 인간의 공통점에 관해 이야기해보자. 결점 없이 태어나는 인간은 아무도 없으니 가장 선량한 사람은 결점이 가장 적은 사람이다. 그러나 신과 같다는 현자들 사이의 우정이란 우울하고 어떤 매

●**악어 삼단논법** 일종의 궤변을 일컫는 말. 어린아이를 앗아간 악어가 아이의 어머니에게 자기가 이 아이를 어떻게 할 것인지를 맞히면 아이를 돌려주겠다고 말했다. 어머니는 "너는 아이를 돌려주지 않을 거야."라고 말했고 악어가 아이를 돌려주지 않자, 어머니는 네 생각을 맞혔으니 아이를 돌려달라고 했다. 그러자 악어는 "안 돼. 아이를 돌려주면 네가 내 생각을 못 알아맞힌 것이 되잖아!"라고 말했다.

●**연쇄삼단논법** 삼단논법이 두 개 이상 이어지는 삼단논법의 변형. 연쇄삼단논법은 대개의 경우 첫 삼단논법의 결론을 다음 삼단논법의 전제로 삼는다.

력도 없기 십상이며, 그들에게 우정이 없다고는 말할 수 없지만 거의 드문 것이 사실이다. 사람들은 유유상종으로 모이기 마련이며, 다들 알다시피 대부분의 사람들은 지혜와는 거리가 멀고 어떤 방식으로든 과도한 행동들을 한다. 앞서 말한 도덕적인 현자들도 때로는 서로 공감하며 화합하기도 하지만, 극도로 명민하고 엄격한 그들의 관계는 불안정하며 일시적이다. 그들은 독수리나 에피다우로스●의 뱀처럼 꿰뚫는 듯한 눈으로 친구들의 결점을 집어낸다. 그러면서도 자신의 결점에는 애매하게 눈을 감으며, 제 등에 진 봇짐 역시 무시해버린다. 인간은 누구나 결점이 있으며, 나이 혹은 교육의 차이나 인생의 실패, 잘못, 사고事故 등도 고려해야 한다. 만약 그리스인들이 에우에테리아라고 부르는 것, 광기 혹은 헤픈 너그러움이라 표현하는 덕목이 이 예리한 감시자인 현자들의 삶에 개입되지 않는다면, 그들이 한 시간만이라도 자신들의 우정을 즐길 수 있겠는가. 그런데 뭐라고! 모든 관계를 만들고 굳게 다지는 일을 맡은 에로스가 완전히 눈이 멀었다고? 추한 것조차 아름답게 보는 에로스는 당신들 각자가 자신의 것을 아름답다 여기고 어린아이가 제 인형을 애지중지하는 것처럼 할아버지가 자신의 늙은 아내를 몹시 아끼도록 만들지 않는가. 이런 우스운 일은 흔한데도, 사람들은 이것을 비웃는다. 그렇지만 이런 일들이야말로 진정 삶을 유쾌하게 해주고 사회적 유대관계를 굳게 다져주는 것이다.

20.

지금껏 내가 말한 우정은 서로 인생을 걸고 서약하는 결혼의 개념에 잘 들어맞는다. 불멸의 신들이여, 만약 우정이 가정생활의 버팀목이 되어주는 가장假裝, 칭찬, 유약함, 환상 같은 나의 충실한 부하들을

●**에피다우로스** 고대 그리스 펠로폰네소스 반도에 있던 상업 중심지. 의술의 신 아스클레피오스 신전으로 유명하다. 죽은 사람도 살린다는 아스클레피오스와 관계 깊은 신성한 동물은 뱀인데, 당시 사람들은 뱀이 약초를 찾는 능력이 있다고 믿었다.

거느리지 않는다면 이혼 혹은 이혼보다 더한 일들이 얼마나 많이 일어나겠는가! 아, 만약 섬세하고 정숙하며 순결하다고 믿는 제 약혼녀가 혼전에 과도하게 놀아났다는 사실을 신랑이 알게 된다면 과연 그 결혼이 이뤄지겠는가! 또 결혼 후에 아내가 무관심하고 아둔한 남편의 시선을 견뎌내지 못한다면 어떤 결혼 서약인들 지켜낼 수 있겠는가! 이 모든 것은 우신에게 달렸다. 우신 덕택에 아내는 남편의 마음에 들며, 남편은 아내의 마음에 들게 되는 것이다. 또 그 덕에 가정이 평안하며 부부관계가 지속되는 것이다. 사람들이 부정한 아내의 남편이라고, 오쟁이 진 남편이라고 비웃으며 어찌 쑥덕거리지 않겠는가. 그러나 남편은 부정한 아내에게 입 맞추며 눈물을 닦아준다. 이 얼마나 행복한 환상인가? 질투로 분노하며 모든 상황을 비극으로 만드는 것보다는 낫지 않은가!

21.

다들 알다시피 내가 개입하지 않았다면 지금까지 어떤 모임도 유쾌하지 않고 어떤 관계도 원만하게 지속되지 못했을 것이다. 만약 서로간에 환상이 유지되지 않는다면 백성은 임금을, 하인은 상전을, 하녀는 여주인을, 학생은 선생을, 친구는 제 친구를, 종업원은 주인을, 동료는 제 동료를, 주인은 손님을 오랫동안 견뎌내지 못할 것이다. 만약 그들이 서로 속고 속이지 않는다면, 아첨이나 조심스러운 공모가 없다면, 그리고 결국 우신의 달콤한 꿀을 서로 주고받으며 마음을 달래지 않는다면 말이다.

내가 한 이 모든 말을 듣고 당신들은 대단히 놀랐을 것이다. 하지만 내 말을 좀 더 들어보라.

자기 자신을 증오하는 사람이 타인을 사랑할 수 있는지, 자신과 싸우는 사람이 타인과 조화를 이룰 수 있는지, 자신에게 부담을 지우는 사람이 타인에게 편안한 사람이 될 수 있는지, 한번 말해보라. 그렇다고 주장하려면 당신들은 나보다 더한 미치광이가 되어야 할 것이다. 사실이다. 만약 당신들이 나를 세상에서 몰아낸다면 당신들은 잠깐이라도 주변 사람들을 참아낼 수 없을 것이고, 자신마저도 혐오하며 증오하게 될 것이다. 본디 자연은 친어미보다는 못된 계모에 더 가까운 법이라 인간이 조금이라도 똑똑하다면, 그러한 이들의 정신 안에 자기 자신에 대해서는 불만족을, 타인에 대해서는 감탄하는 마음을 심어놓는다. 그 때문에 인간은 우울해지기 쉬우며 그가 가진 모든 장점과 우아함, 매력을 잃게 된다. 신들이 내려준 최고의 선물인 아름다움마저 퇴색해버리면 무슨 소용이 있겠는가? 젊음 역시 노년의 권태로 인해 손상된다면 무슨 소용이 있겠는가? 어떠한 행동을 하든 당신들이 지켜야 할 첫 번째 원칙은 예의범절이다. 당신들이 타인에게나 스스로에게 그렇게 행동할 수 있는 것은 바로 저 행복한 필라우티아(자존심) 덕분이다. 그녀는 곳곳에서 나를 돕기 때문에 내 동생이라 불러도 좋다. 사람들이 자기 자신을 불만족스러워한다면 어떻게 우아함과 매력을 드러내 성취감을 얻을 수 있겠는가? 인간의 삶에서 자존심이라는 소금을 없앤다면 그 즉시 웅변가의 연설은 열기가 식을 것이고, 음악가의 음악은 지루해질 것이며, 배우의 연기는 사람들의 야유를 듣게 될 것이다. 또한 사람들은 시인과 무사이를 비웃을 것이고, 화가는 그림 그리는 것을 즐거워하지 않을 것이며, 의사는 약을 만들면서도 배가 고파 죽을 것이다. 아름다운 니레우스●는 테르시테스와 비슷해질 것이고, 젊은 파온은 늙은 네스토르와, 아테나 여신은 암퇘지나 다름없지 않겠

●**니레우스** 호메로스가 인정한 그리스 최고의 미남자.

는가. 또한 뛰어난 연사는 어린아이처럼 표현하게 되고, 도시 사람은 시골 사람처럼 촌스러움을 드러내게 될 것이다. 사람들이 자기 자신을 마음에 들어 하고 타인의 박수를 받기 위해서는 먼저 스스로 격려하는 것이 필요하다.

요컨대 행복이 현재의 모습 그대로 있기를 원하는 것이라면, 나의 선량한 필라우티아야말로 바로 그렇게 되도록 충분히 도와주는 여신인 것이다. 그녀는 누구도 자신의 얼굴이나 생각, 출신, 지위, 교육 그리고 조국에 대해 불만을 갖지 않게 해준다. 그러므로 아일랜드 사람은 이탈리아 사람이 되고자 원치 않고, 트라키아 사람은 아테네 사람이 되려 하지 않으며, 스키티아 사람은 행복의 섬 사람들과 자신을 바꾸려 하지 않는 것이다. 그토록 많은 불평등을 없애버리다니, 자연은 얼마나 세심하게 배려하고 있는가! 자연이 자신의 재능을 가지고 인색하게 군 적이 있었는가? 자연은 사람들의 자존심을 높여준다. 그런데 나는 좀 전에 아주 어리석은 말을 하고 말았다. 왜냐하면 자연의 이런 재능이야말로 다른 모든 것보다 가치가 있기 때문이다.

이제 나는 어떤 빛나는 공헌도 내가 영감을 불어넣지 않은 것이 없으며, 어떤 아름다운 예술도 나의 창조력이 가미되지 않은 것이 없다는 이야기를 할까 한다.

테르시테스
호메로스의 《일리아스》에 따르면, 테르시테스는 트로이 전쟁에 참가한 그리스 군사들 중에서 가장 비겁하고 못생긴 남자로 유명하다. 절름발이에 꼽추였으며 머리칼도 많지 않았다.
왼쪽부터 오디세우스, 아가멤논, 테르시테스. 1929년

23.

인간의 위업이 쌓이는 곳은 전쟁터가 아니던가. 그렇지만 전쟁을 하는 양측 모두는 얻는 것보다 잃는 것이 더 많다는 것을 알면서도 동

기가 무엇이었는지도 모르는 이런 종류의 싸움을 시작한다. 이보다 더 우스운 일이 어디 있겠는가? 메가라˙ 사람들처럼 많은 사람들이 죽지만 전쟁을 하는 사람들은 이런 것을 헤아리지 않는다. 그러나 철갑을 두른 군대가 서로 대치하고 나팔소리가 거세게 울릴 때 학문을 연구하느라 핏기 잃은 파리한 얼굴의 그저 숨만 쉬는 학자들이 무슨 소용 있겠는가? 이럴 때는 깊이 생각하지 않고 앞으로 나아가는 건장하고 맷집 좋은 이들이 필요하다. 아르킬로코스˙의 조언에 따라 적과 맞닥뜨리자 도망치려고 방패를 내던진 데모스테네스˙ 같은 자를 사람들이 좋아하겠는가? 데모스테네스는 연설을 할 때 지혜롭던 만큼이나 전장에서는 비겁했다. 물론 사람들은 전쟁에서는 지혜가 커다란 역할을 한다고 말할 것이다. 사령관이라면 그럴 수도 있겠다. 그러나 이 또한 군인으로서의 지혜이지, 철학자로서의 지혜를 말하는 것은 아니다. 이 고상한 전쟁이라는 것은 본시 빌붙는 사람, 질 나쁜 중개자, 도둑, 강도, 천박한 자, 바보, 갚을 능력도 없이 빚진 자 등 말하자면 사회의 쓰레기 같은 자들이 벌이는 일이다. 등불 밑에서 밤을 새우는 철학자들은 전혀 할 수 없는 것이 바로 전쟁이다.

●**메가라** 아티카와 코린토스 사이에 있는 메가리스 지방의 중심 도시. 지리적 위치 때문에 아테네, 코린토스 등과 자주 전쟁을 하였다. 특히 페리클레스가 메가라를 아테네의 무역 시장에서 밀어낸 사실이 펠로폰네소스 전쟁의 한 원인이 되었다.

●**아르킬로코스** 그리스의 시인이자 군인. 당시의 작가들과 달리 그는 전쟁을 영예로운 것으로 보지 않았다.

●**데모스테네스** 고대 그리스에서 가장 뛰어났던 웅변가. 아테네 시민들을 선동해 마케도니아에 대항하도록 만들었다.

24.

앞에서 말한 철학자들은 인생을 살면서 할 줄 아는 것이 아무것도 없었다. 소크라테스를 보면 알 수 있지 않은가. 아폴론은 신탁을 통해 소크라테스가 뛰어난 현자라는 사실을 인정했지만, 바로 그날따라 소크라테스의 지혜는 부족함을 드러냈다. 어떤 주제였는지는 생각나지 않지만 대중을 향해 뭔가 말하려고 하던 소크라테스는 사람들이 모두 비웃어버리자 입을 다물어야 했던 것이다. 그가 상식적인 모습을 보

여준 것은 스스로 현자라 불리는 것을 거부하고 그 호칭은 오직 신에 게만 사용되어야 한다고 했을 때와 동료들에게 공적인 일에 참견하지 말라고 조언한 때뿐이었다. 사람들에게 인간답게 살려면 지혜를 삼가 라고 가르쳤더라면 더 좋았을 텐데. 소크라테스가 독당근을 먹어야 했던 것은 바로 지혜를 사용한 죗값을 치른 것이 아닌가? 그는 사색에 빠져들었고 망상에 몰두하였으며 벼룩의 다리 길이를 재고 날벌레의 윙윙거리는 소리를 관찰한 반면, 삶의 일상에 관해서는 아무것도 몰 랐다.

여기, 자신의 스승을 죽음에서 구하기 위해 그를 변호한 뛰어난 변 호인 플라톤이 있다. 그러나 그는 군중이 떠드는 소음에 넋이 나가 자 기가 써온 연설문을 가까스로 반밖에 낭독하지 못한 적도 있었다! 연단

에 올랐을 때 마치 늑대라도 본 듯 갑자기 말문이 막혀버린 테오프라스
토스●는 또 어떠한가! 그러한 자가 전장에서 군사들을 이끌 수 있겠는
가? 이소크라테스●는 너무 소심하여 차마 입을 열지도 못했다. 로마에
서 제일이라는 웅변의 아버지 마르쿠스 툴리우스●는 흐느끼는 아이처
럼 고통스럽게 떨면서 연설의 서두를 열기도 했다. 퀸틸리아누스●는
그런 태도에서 위기를 감지하는 지혜로운 웅변가의 기미를 보았지만,
이런 현명함이 오히려 성공에 방해가 된다는 것을 솔직하게 시인하는
것이 더 나았을지도 모르겠다. 말로만 하는 싸움에서도 두려움에 얼어
붙는 사람들이 손에 검을 쥐었다 한들 무엇을 할 수 있겠는가?

그런데도 사람들은 신들이 마음에 들어 하는 플라톤의 다음과 같은
유명한 잠언을 칭송한다. "철학자가 지도자이고, 지도자가 철학자인
나라는 행복하다!" 하지만 만약 지나간 역사를 되돌아본다면, 이런 사
실과는 반대로 철학이나 문학을 어설프게 아는 사람이 지도자인 정부
가 최악의 정부였다는 사실을 알게 될 것이다. 두 명의 카토가 바로 이

●테오프라스토스 고대 그리스의 철학
자, 식물학의 시조로 꼽힌다. 아리스
토텔레스 형이상학의 문제점을 연구
했다.

●이소크라테스 고대 그리스의 변론가.
수많은 웅변가를 길러냈고, 그리스의
통일과 페르시아 원정을 주장했다.

●마르쿠스 툴리우스 로마의 정치가인
키케로를 일컫는다.

●퀸틸리아누스 고대 로마의 교육가, 작
가. 웅변가로서의 키케로를 높이 평가
했으며, 대표작으로 《웅변교수론》이 유
명하다.

를 증명하는 결정적인 예가 된다. 한 카토는 지나친 고발을 일삼으며 나라를 혼란스럽게 만들었고, 다른 카토는 현명함이 지나쳐 로마 시민의 자유를 옹호한답시고 되레 자유를 되돌릴 수 없을 만큼 위태로운 지경으로 몰아넣고 말았다. 게다가 브루투스, 카시우스,● 그라쿠스● 그리고 키케로에 이르기까지 연관지어 생각해보자. 아테네 공화국의 독이던 데모스테네스처럼 키케로는 심지어 로마 공화국에선 경멸의 대상이 되지 않았던가. 마르쿠스 안토니우스●의 철학이 사람들의 호평을 받지 못한 사실로 미루어보아 나는 그가 훌륭한 통치자가 아니었으리라고 생각한다. 혹 안토니우스가 훌륭한 통치자였다고 인정한다 해도, 그는 지도자의 자질을 발휘하여 공화국에 이익을 가져다주었다기보다는 그의 아들로 인해 오히려 더 많은 해를 끼쳤다. 지혜를 익히는 데 전념한 이런 종류의 사람들은 무슨 일에든 운이 나쁘며, 특

●**카시우스** 고대 로마의 정치가, 장군. 카이사르 암살 주모자의 한 사람으로 브루투스와 의형제 사이다.

●**그라쿠스** 고대 로마의 정치가. 형 티베리우스 그라쿠스는 대토지 소유 제한과 자작농 육성 법안을 통과시켰으나 후에 반대파에게 암살되었고, 동생 가이우스 그라쿠스는 형이 제안한 토지 개혁안을 다시 제정하고 시민권 부여를 확대했으며 원로원 세력을 약화하려 노력했으나 실패하여 자살하였다.

●**마르쿠스 안토니우스** 고대 로마의 정치가, 군인. 제2차 삼두정치를 행하고, 동방 원정에 전념, 군사·정치적으로 막강한 세력을 쌓았다. 악티움 해전에서 옥타비아누스에게 패하여 자살하였다. 이집트의 여왕 클레오파트라와 사랑에 빠져 결혼한 것으로도 유명하다.

리라

고대의 작은 현악기. 하프와 비슷하고 역시 손가락으로 뜯어서 연주한다. 줄의 수에 따라 사현금, 칠현금 등이 있다.

히 자식 운이 없는 경우가 많다. 그러므로 자연의 선견지명에 따라 이러한 지혜의 독이 과도하게 퍼져 나가는 것을 막아야 한다. 키케로의 아들은 바보였고, 현자 소크라테스의 자식들은 어떤 작가가 단언한 바에 따르면, 소크라테스보다 그의 아내를 더 닮았다. 말하자면 미치광이였다.

25.

매사에 어설프고 분별없이 행동하지만 않는다면 리라를 가진 당나귀처럼 이런 종류의 미치광이들이 공직을 맡는 것도 참을 수 있을 것이다. 현자라는 사람을 저녁식사에 초대해보라. 그는 기운이 빠진 듯 침묵으로 일관하거나 아니면 지루한 설명을 해대며 저녁식사를 망쳐버릴 것이다. 또 그를 무도회에 초대해보라. 격렬하게 몸을 흔드는 낙타라도 보는 듯할 것이다. 그를 공연에 데려가 보라. 공연을 즐기던 관객들은 아연실색하며 그를 공연장에서 내쫓고 말 것이다. 마치 찌푸린 인상을 펴지 않았기에 쫓겨났던 현자 카토처럼 말이다. 잡담을 나누고 있는데 현자가 나타난다면, 그것은 마치 우화 속의 이리가 등장한 것과도 같다. 또 현자는 물건을 사거나 계약을 할 때, 혹은 일상생활에 필요한 이러저러한 서류를 작성할 때면 인간이 아니라 마치 장작과도 같다. 그는 모든 일상사에 무지하고 여론이나 관습에도 완전히 무관심하게 지냈기 때문에 스스로에게나, 나라와 친구들에게나 아무런 도움이 되지 못한다. 다른 사람들과 이런 식으로 확실히 구별되기 때문에 사람들은 현자를 불편해하며 그에게 증오심을 품게 된다. 사실 사람들 사이의 모든 일은 우신의 뜻에 따라, 어리석은 미치광이들에 의해, 미치광이들 사이에서 이루어지지 않는가? 일반 사람들의 정서에 반하는

사람은 티몬*처럼 사막으로 가서 자신의 지혜를 즐기며 혼자 살아야
만 한다.

26.

다시 앞의 주제로 돌아가자. 바위나 떡갈나무에서 태어난 듯 거칠어
보이는 사람들을 도시로 불러 모을 수 있었던 것은 감언이설로 환심을
사며 그들을 회유했기 때문이다. 여기에 암피온과 오르페우스의 리라
연주의 의미가 있다. 고대 로마 민중이 반란을 일으켜 극단적인 폭력을
휘두르려 했을 때, 무엇이 그들을 화합으로 이끌었는가? 철학자의 연
설이었는가? 아니, 전혀 그렇지 않다. 그것은 바로 사지四肢와 위胃에
관한 우스꽝스럽고 유치하기 짝이 없는 우화*였다. 테미스토클레스도

암피온

그리스 신화에 나오는 쌍둥이 중 하나.
다른 쌍둥이의 이름은 제토스다. 그들
은 테베 성을 쌓았는데, 암피온이 리라
를 켜자 큰 돌들이 모여 저절로 성을
이루었다고 한다.
〈암피온〉 비제르브링, 1793~1795

오르페우스

그리스 신화에 나오는 시인, 음악가.
그가 리라를 켜면 초목과 맹수들까지
숨을 죽이고 감상했다고 한다.
〈오르페우스와 에우리피데스〉 오르페
우스가 하계下界에서 에우리피데스를
끌고 나오고 있다. 코로, 1861년, 휴스
턴 미술관

●**티몬** 고대 그리스의 회의주의 철학
자, 문필가.

●**사지와 위에 관한 우화** 403년 로마
내란 때 집정한 메네리우스 아그리파가
사용한 우화. 위가 움직이지 않으면 사
지가 약해져 몸 전체가 망가진다는 내
용을 담고 있다.

이와 비슷한 우화●를 이용해 목표한 일에서 성공하였다. 현자가 어떤
말을 해야 세르토리우스가 생각한 암사슴 우화●나 리쿠르구스가 인용
한 두 마리 개 우화,● 말꼬리의 털을 뽑는 것과 같은 흥미로운 이야기
의 효과를 낼 수 있겠는가? 미노스와 누마●에 대해서는 더 말할 필요도
없다. 두 사람 모두 꾸며낸 전설 같은 이야기를 가지고 어리석은 민중
을 잘 다스렸다. 민중이라는 거대하고 강한 짐승을 이끌어가려면 다름
아닌 우스꽝스러운 이야기를 이용할 수밖에 없는 것이다.

27.

플라톤이나 아리스토텔레스의 법에 따라, 아니면 소크라테스의 가

르침에 따라 통치되는 공화국을 본 사람이 한 명이라도 있는가? 누가 데키우스●를 그 스스로 마네스●의 신들에게 몸 바치도록 만들었는가? 누가 쿠르티우스●를 깊은 구덩이 속으로 뛰어들게 했는가? 그것은 바로 '허망한 명예'다. 현자들은 그것을 격렬히 비난하고 욕설을 퍼부으면서도, 강렬하게 매혹된다. 그들은 말한다. "선출되기 위해 아부하고, 표를 매수하려 하며, 그 많은 어리석은 자들의 박수를 구하고, 갈채 받는 것에 즐거워하며, 우상으로 떠받들리거나 광장에 동상으로 세워져 사람들이 우러러보는 것에 도취되는 것보다 더 바보 같은 행동이 있는가? 게다가 제 이름을 뽐내는 가련한 인간에게 신께 드리는 영예를 바치고, 혐오스러운 폭군을 신의 반열에 올리려는 대대적인 예식까지 행한다. 이런 어리석은 행위들은 이를 비웃었던 데모크리토스의 조롱만으로는 쉽게 비하되지 않는다." 당연하다. 그런데 바로 이런 우스꽝스러운 행위 덕에 거칠 것 없이 쓰인 그토록 많은 유려한 글들이 기리는 영웅들의 고고한 업적이 태어난 것이다. 이들의 광기에서 도시가 생겨났고, 제국과 관직, 종교, 모든 계획과 판단이 유지됐다. 영웅의 전 생애는 그저 광기의 놀음에 지나지 않는 것이다.

28.

이제 직업에 대해 이야기해보자. 명예욕 때문이 아니라면 사람들이 탁월하다고 생각하는 그토록 많은 지식을 어떻게 이해하고 전파하였겠는가? 실제로 극도로 어리석은 사람들은 밤을 새워 작업하고 땀 흘린 덕에 무엇보다도 허망한 저 명예를 얻었다고 믿는다. 이 점에 대해서 당신들은 우신에게 그들보다 덜할 것도 없이 빚지고 있는 셈이다. 그리고 끝없이 즐겁고 값진 이런 삶의 편리를 얻기 위해 당신들은 타인의 어리석음을 이용하고 있는 것이다.

29.

자, 이제 인간들의 용기와 노동의 효과가 내가 개입한 결과임을 알려주는 데 성공하였으니, 마찬가지로 양식良識이 가져오는 이로움도 내가 관여한 덕이라는 것을 주장해야 하지 않을까? 그러면 이렇게 말하는 사람도 있을 것이다. "뭐라고! 그건 마치 물과 불의 결합과도 같군!" 하지만 당신들이 내게 조금만 주의를 기울여준다면, 당신들의 생각과 귀를 내게 집중해준다면 나는 충분히 당신들을 이해시킬 수 있다.

양식이란 삶의 경험과 관계가 깊은데, 양식을 겸비한 영예라는 것이 소심한 만큼 겸손하여 아무것도 시도하지 않는 현자에게 돌아가야 하겠는가, 아니면 겸손하지도 않고 소심할 수도 없는 미치광이에게 돌

아가야 하겠는가? 내 생각에, 현자는 옛날 책 속에 파묻혀 그 속에서 냉엄한 추상적 개념만을 배울 뿐인 반면, 미치광이는 현실과 위험을 무릅쓰면서 진정한 양식을 구한다. 호메로스는 실명失明하였음에도 이 같은 사실을 보고 "미치광이는 스스로 대가를 치르면서 배워 나간다." 고 말했다. 사람들은 대개 두 개의 큰 장애 요소 때문에 일을 그르치는 데, 그 하나는 자신의 명석함을 흩뜨리는 우유부단함이고, 다른 하나 는 위험을 무릅쓰고 행동하기를 거부하는 두려움이다. 그러나 우신은 경이롭게도 이러한 장애들을 없애준다. 그런데 결코 망설이지 않고 모 든 것을 과감히 행하는 데서 얼마나 큰 이득이 생기는지 진심으로 이 해하는 사람은 거의 없다.

경험은 현실을 정확히 평가해주는 힘을 가지고 있다. 그렇지만 들 어보라. 경험이 많다고 내세우는 사람들이 실제로는 얼마나 경험이 없 는지 모른다. 먼저 모든 인간의 일은 알키비아데스의 실레노스 상자● 처럼 전혀 다른 두 개의 얼굴을 가지고 있다. 겉으로 드러난 얼굴에는 죽음이 보이지만 그 안쪽을 들여다보면 삶이 있다. 물론 그 반대의 경 우도 있다. 아름다움은 추함을 덮고, 풍요로움은 부족함을, 불명예는 영광을, 지식은 무지를 덮는다. 건강하게 보이는 것이 사실은 허약하고, 고상한 집안인 듯 보이지만 사실은 천박하다. 기쁨이 슬픔을 감추고, 번영이 불행을, 우애가 증오를, 약은 독을 감추고 있지 않은가. 실레노스 상자를 열어보라. 겉으로 드러난 것과 반대의 것을 보게 될 것이다.

내 이야기가 너무 철학적이라고 생각하는가? 그렇다면 이제는 현실적인 이야기를 해보자. 사람들은 왕이 부와 힘을 모두 가졌다고 생각한다. 그렇지만 정신적 능력을 갖추지 못했다면 왕이 소유한 것은 아무것도 없는 것이나 마찬가지다. 게다가 만약 그가 지독히 가난한데다 순전히 악덕만 갖추었다면 비천한 노예에 불과할 뿐이다. 이 이야기를 좀 더 펼쳐볼 수도 있겠지만, 앞에 든 예만으로도 충분할 것 같다. 사람들은 내게 "대체 당신은 무엇을 증명하고 싶은 것이오?"라고 물을지도 모른다. 내가 말하고 싶은 결론은 바로 이것이다. 배우들이 무대 위에서 각자 맡은 역할을 연기하고 있는데 누군가가 관객에게 배우들 본연의 얼굴을 보여주려 가면을 벗기려 한다면 어떻게 될 것인가? 연극은 망치게 될 것이고, 난동을 부린 자는 극장에서 쫓겨나는 것이 당연하지 않은가? 그의 행위로 무대 위의 모습은 급작스레 달라져버렸다. 극중의 여자는 순간 남자임이 드러났고, 젊은이는 노인으로 바뀌었다. 왕은 다마●이며, 신은 왜소하고 순박한 사람으로 드러났다. 환상이 제거되자 작품 전체가 뒤집어지고 말았다. 말하자면 분장과 화장이 바로 관객들의 눈을 매료한 것이다. 인간의 삶도 마찬가지다. 당신들의 삶이, 무대감독이 무대에서 내려오라고 지시할 때까지 각자 가면을 쓰고 자신의 역할을 연기하는 한 편의 연극과 무엇이 다른가? 게다가 무대감독은 동일한 배우에게 다양한 역할을 맡기기도 한다. 왕의 자줏빛 옷을 입었던 사람이 노예의 누더기를 걸치고 다시 등장하기도 하는 것이다. 어디를 봐도 분장 아닌 것이 없다. 삶이라는 연극 또한 다르지 않다. 마찬가지다.

한 현자가 하늘에서 내려와 이렇게 말했다고 생각해보자.

"모든 사람이 지배자로, 신으로 추앙하는 그 사람은 동물처럼 감각의 지배를 받기 때문에 인간이라고 할 수 없다. 또한 그는 수치스럽게도 그토록 여러 주인에게 자발적으로 복종하기 때문에 노예 중에서도 가장 비천한 노예다. 죽은 아버지를 위해 울고 있는 상중의 아들은, 고인이 일종의 죽음과도 같던 지상의 삶을 떠나 진정한 삶을 살기 시작했으니 기뻐해야 할 것이다. 한편 자신의 가문을 영예롭게 여기는 사람은 사실은 비천한 농민이자 서출에 지나지 않는다. 왜냐하면 그가 갖는 자부심이란 것이 진실한 고귀함을 만드는 덕과는 무관하기 때문이다."

말을 마친 이 현자에게 어떤 일이 일어날까? 격분한 사람들은 그를 미친놈으로 여길 것이다. 적절하지 않은 시기에 진실을 말한다는 것이 참으로 미련한 짓이듯, 때를 가리지 않고 현자이기를 자처하는 것은 엄청난 과오를 범하는 것이다. 있는 그대로의 사실에 적응할 줄 모르고 관습에 복종하지 않는 사람, "마셔라, 그렇게 하지 않으려면 가버려라!"라는 연회의 법칙을 잊은 사람, 연극이 연극이 아니기를 주장하는 사람, 모두 때를 고려하지 않고 행동하는 것이다. 그저 인간일 뿐인 당신들은 일반 사람들보다 더 알려고 애쓰지 않고 다수의 의견에 흔쾌히 따르거나, 군중과 함께 잘못된 생각을 해도 편하게 여기는 것이 진정한 양식을 보여주는 것이다. 그렇지만 사람들은 또 이렇게 말할 것이다. "완전히 미친 짓이야!" 이제 더는 반박하지 않겠다. 삶이라는 연극이 이렇게 굴러간다는 내 생각에 동의해주기만 한다면 말이다.

30

불멸의 신들이여! 나는 계속 말해야 하는가, 아니면 침묵해야 하는가? 왜 진리보다 더 진실한 사실을 침묵해야 하는가? 이런 심각한 문제와 관련해서는 헬리콘 산의 무사이를 불러내는 것이 적절할 것 같다. 시인들은 정말 자주 아주 하찮은 일에도 무사이에게 간청을 한다. 제우스의 딸들이여, 좀 더 가까이 오라! 나는 지금부터 행복의 성채라 불리는 완벽한 지혜에 이르는 입구는 나밖에 없다는 사실을 증명할 것이다.

모든 정념이 나 우신에게 달렸다는 것은 명백한 사실이다. 그렇지 않은가? 미치광이와 현자를 구별하는 기준은 먼저, 미치광이는 정념에 끌려 다니며 현자는 이성을 따른다는 것이다. 그렇기 때문에 스토아 학자들은 정념을 병으로 여겨 멀리하였다. 그렇지만 어떤 정념은 사공이 항구에 도착하려 할 때 도움이 되기도 하며, 미덕으로 나아가

헬리콘 산
그리스 중동부에 있는 산. 성스러운 산이라는 뜻이다. 동쪽 골짜기에는 그리스 신화의 아폴론과 무사이가 산다고 하며, 주변에 신전과 극장 터, 날개 달린 말 페가수스의 발굽 자국으로 생겼다는 히포크레네 샘 등이 있다.
〈헬리콘 산으로 무사이를 방문한 미네르바〉 주 드 몽페르, 안트베르펜 왕립 미술관

는 길에 선善을 따르도록 사람들을 격려하기도 한다. 현자에게 어떠한 정념도 엄격히 금지한 스토아 학자인 세네카는 이 말에 항의할 것이다. 그러나 그의 주장대로라면 그는 인간 자체를 제거하고, 어디에도 존재하지 않고 앞으로도 결코 존재하지 않을 조물주, 즉 새로운 신을 만드는 것이나 다름없다. 다시 말해 지성도, 인간적 감정도 없는 대리석상을 만드는 셈이다. 그러니 이 철학자들이 자신들의 현학을 마음 편히 즐기도록 놔두자. 현자를 두고 그들과 논쟁하지 말고 그들이 현자를 사랑하도록, 현자와 함께 살 수 있도록 말이다. 그들이 플라톤의 공화국을 택하든, 이데아●의 나라를 택하든, 탄탈로스●의 거대한 정원을 택하든 그냥 내버려두자. 자연스러운 감정을 억누르고, 상대의 감정에 응대할 줄 모르며, 마치 마르페소스●의 단단한 돌멩이나 바위처럼 사랑과 연민에 무감한 사람을 보고 도망가지 않을 사람이 과연 있겠는가? 작은 것 하나 놓치지 않고 결코 실수를 범하지 않는 인간, 린케우스●처럼 모든 것을 보고 모든 것을 정확히 재고 어떤 잘못도 용

●**이데아** 플라톤 철학에서 이데아는 근본적으로 변하지 않으며 영원하고 비물질적인 사물의 본질을 말한다. 근세에 들어와 영국의 경험론에서는 인간의 주관적인 의식 내용, 즉 관념을 말하며, 독일의 관념론에서는 경험을 넘어서는 순수 이성의 개념을 의미한다.

●**탄탈로스** 그리스 신화에 나오는 왕으로, 큰 부자였으나 신들에게 오만방자하게 굴었다는 이유로 지옥에 떨어졌다. 그는 그곳에서 늪 속에 목까지 파묻혀 물을 마시려고 하면 물이 없어지고, 근처 과일나무에 달린 과일을 따먹으려 하면 가지가 위로 올라가 먹지 못하는 형벌을 받았다. 그리하여 영원히 배고프고 목마른 고통을 겪게 되었다.

●**마르페소스** 파로스 섬의 마르페소스 산의 바위를 말한다. 이 산의 돌과 바위에서 유명한 대리석을 채취할 수 있다고 한다.

●**린케우스** 그리스 신화에 나오는 이다스의 쌍둥이 동생. 참나무 둥치도 꿰뚫어볼 수 있는 천리안을 가진 그는 사냥과 전쟁에서 뛰어난 능력을 발휘했다.

서하지 않는 인간, 자기 자신에게만 만족하고 부와 건강을 소유하며 홀로 왕이고 홀로 자유로운 인간, 세상 만물 중에 스스로 유일한 존재라 주장하며 친구를 필요로 하지 않는 것은 물론 누군가의 친구도 될 수 없는 인간, 신들마저 조롱하고 인간의 행동 전부를 무분별한 것으로 여기며 비난과 조소를 내뱉는 인간을 두고 유령을 보듯 기겁하며 도망가지 않을 사람이 그 누가 있겠는가? 자, 보라. 완벽한 현자란 이런 짐승 같은 사람임이 분명하다. 만약 투표를 한다면 어느 도시가 이런 자를 행정관으로 선출하고, 어느 군대가 이런 대장을 원하겠는가? 게다가 어떤 여자가 이런 남편을 원할 것이며, 어떤 주인이 이런 손님을 원할 것인가? 어떤 하인이 이런 성품의 주인을 견딜 수 있겠는가? 그보다는 완전히 미친 사람들 무리 가운데서 그들에게 명령하거나 혹은 복종하는 사람을 무작정 뽑는 편이 낫지 않을까? 자기 자신과 비슷한 사람, 즉 많은 사람들의 마음에 드는 사람, 아내에게 사랑받고 친구들에게 친절하며 식탁에서는 즐겁게 먹고 함께 지내기 편한 사람, 요컨대 인간의 일 어느 것에도 무관심하지 않은 그런 사람을 택하는 편이 좋지 않을까? 전부터 나는 현자들에게 문제가 너무 많다고 생각해왔기 때문에 이젠 넌더리가 난다. 좀 덜 지루한 이야기로 넘어가 보자.

31

제우스가 간혹 그렇게 하듯이, 나는 하늘에서 누군가가 인간들의 삶을 내려다보면서 그들에게 닥치는 불행과 힘겨운 탄생, 어려운 교육, 유아기에 겪는 위험한 상황, 청년기에 부과되는 힘겨운 노동, 노년기의 고통스러운 생활, 사는 동안 찾아오는 수많은 질병과 도처에서 닥쳐오는 위기를 겪은 뒤 반드시 맞고야 마는 죽음에 이르기까지 모두 관찰하고 있다고 생각해본다. 인간이 인간에게 저지르는 악행에 대해서는 말하지 않겠다. 인간은 다른 사람들을 망하게 하고, 감옥에 가두며, 모욕을 주고, 고문하며, 함정에 빠뜨리고, 배신한다. 수많은 능욕과 사기, 소송 등등 인간이 저지르는 악행을 전부 열거하는 것은 모래알을 세는 것이나 다름없을 것이다.

어떤 죄를 지었기에 인간이 그런 운명을 초래하게 되었는지, 어떤 분노한 신이 인간으로 하여금 이렇게 비참하게 태어나도록 벌하였는지는 다시 말할 필요가 없겠다. 이런 점을 깊이 생각해본 사람이라면 밀레투스의 소녀●들을 이해하겠지만 그럼에도 그녀들의 자살은 참으로 애통하다. 사는 것이 싫어져 자살을 택한 자들은 어떤 사람들일까? 그들은 지혜와 가까이 지내는 이들이다. 디오게네스,● 크세노크라테스,● 카토, 카시우스, 브루투스 같은 이들의 이야기는 하지 말자. 그러나 영생을 얻을 수 있는 순간에 죽음을 선택한 키론을 보라. 당신들이 모두 현자라면 곳곳에서 어떤 일이 일어날지 짐작할 수 있을 것이다. 아마 또 다른 프로메테우스●가 새로운 흙으로 인간을 빚어내야 할 것이다. 반면 나는 '경솔'과 '무지' 여신들의 도움을 받아 인간들이 자신의 불행을 잊고 행복을 기원하게 하고 이따금 쾌락의 달콤함을 맛보게 함으로써 그들의 불행을 덜어주었다. 그랬기 때문에 인간의 수명을 주관하는 모이라이 여신들●이 생명의 씨실을 모두 짜내어 소중한 생명

●**밀레투스의 소녀들** 그리스 철학자 플루타르코스의 추측에 따르면, 한때 밀레투스에 자살이 유행병처럼 번져 이곳의 많은 소녀들이 자살하였다.

●**디오게네스** 고대 그리스의 철학자. 견유학파(소크라테스 철학의 일면을 계승해 쾌락을 멀리하고 자유를 중시한 그리스 철학의 한 학파)의 창시자로, 반문화적이고 자유로운 생활을 하였다.

●**크세노크라테스** 고대 그리스의 철학자. 철학을 논리학과 자연학, 윤리학으로 크게 구분하였다.

●**프로메테우스** 그리스 신화에 나오는 티탄족의 영웅. 인간에게 불을 훔쳐다 주었다는 이유로 제우스의 분노를 사 쇠사슬에 묶여 영원히 없어지지 않는 간을 독수리에게 쪼아 먹히는 신세가 되었다.

●**모이라이 여신들** 그리스 신화에 나오는 인간의 수명과 운명을 결정짓는 세 명의 여신. 헤시오도스에 따르면, 클로토는 운명의 실을 뽑아내는 여신, 라케시스는 운명의 실을 나누어주는 여신. 아트로포스는 운명의 실을 가위로 끊는 여신이다. 로마인은 성격이 확실하지 않은 파르카이라는 토착 여신을 모이라이와 동일시했다.

이 인간을 포기하게 되는 그때, 인간들은 아쉬워하며 삶을 마칠 수 있
는 것이 아닌가.

삶은 인간을 전혀 지루하게 놔두지 않는다. 인간은 삶에 집착할 동
기가 적을수록 더더욱 삶에 매달린다. 네스토르의 나이가 되자 사람다
운 모양새를 잃어버린 노인들, 이가 빠져서 오물거리며 같은 말을 반
복하고 머리가 하얗게 세거나 빠져버린 사람들, 아리스토파네스의 말
로 좀 더 잘 묘사해보자면 지저분하고 등이 굽었으며 주름지고 대머리
에 이가 빠져 합죽이가 되어버렸지만 여전히 삶을 즐기려고 필사적으
로 애쓰는 사람들, 이런 사람들이 바로 내 고객이다. 그들 가운데 어떤

이는 젊어 보이려고 머리를 염색하고, 또 어떤 이는 가발을 쓰기도 하며, 돼지의 것일 법한 가짜 이를 박는가 하면, 숫처녀에게 반해 젊은이들보다 더 지나친 행동을 하기도 한다. 죽음을 눈앞에 둔 힘없는 어떤 늙은이는 지참금도 필요 없다며 젊은 처녀와 결혼을 하지만, 그 처녀는 곧 이웃 남자들의 관심을 끌고 만다. 이런 경우는 흔히 있는 일인데, 물론 본인은 이것을 자랑으로 여긴다. 그런데 정말 재미있는 것은 저승에서 막 튀어나온 것 같은 늙은 할머니가 "인생은 아름다워!"라며 계속 외치고 다니는 것이다. 이런 할머니들은 암캐처럼 열정적이고 그리스인이 흔히 말하는 냄새를 풍긴다. 황금으로 젊은 파온을 유혹하고, 끊임없이 단장을 하며, 손에는 항상 거울을 들고 있고, 비밀스러운 곳의 털을 뽑고, 물렁하게 쪼그라들어버린 젖가슴을 드러내고, 떨리는 듯한 목소리로 탄식을 내뱉으며 쇠약해진 욕망을 일깨우려 애쓴다. 또한 젊은 처녀들 사이에 끼여 술을 마시고 춤을 추며 달콤한 편지를 써보기도 한다. 사람들은 그런 할머니들을 비웃으며 참으로 어리석다고 말하지만, 할머니들은 스스로 만족해하고 무수한 쾌락에 빠져 온갖 달콤함을 맛보면서 나로 인해 행복함을 누린다.

바라건대, 그녀들을 우스꽝스럽다고 생각하는 이들이여, 목매달아 자살할 기둥을 찾는 것보다는 이러한 광기에 홀려 달콤한 삶을 보내는 것이 더 낫지 않은가. 물론 이런 미치광이들의 행실에 대해 사람들이 느끼는 수치스러움을 그들은 의식하지 않는다. 그들은 수치심을 느끼지 못할 뿐 아니라 그런 것에는 상관도 하지 않는다. 머리에 돌이 떨어져 느끼는 아픔은 실제의 고통이지만, 부끄러움이나 불명예, 수치, 모욕 같은 것은 그렇다고 느껴야만 아픔이지 않은가. 아무것도 느끼지 못한다면 아픔이란 없는 것이다. 사람들이 모두 당신에게 야유를 퍼붓는다 해도 스스로 만족한다면 문제되는 것은 아무것도 없다. 오로지 당신 자신만이 자기 자신에게 이것을 가능케 해준다.

32

데우투스
문자와 숫자를 발명했다는 이집트의 마신. 인간에게 도박을 가르쳤다고 한다. 프랜시스 배럿의 마술 책 《마구스》에 나오는 데우투스의 모습.

이쯤에서 철학자들이 "우신 때문에 이렇듯 인간들이 환상과 실수와 무지에 갇혀 있는 것은 정말로 불행한 상황이다."라고 주장하는 소리가 들리는 듯하다. 그러나 사실은 그렇지 않다. 그런 상황이야말로 인간이 진짜 인간다운 상태인 것이다. 나는 인간이 타고난 대로 길러지고, 공동의 조건에 따라 자라나는 것을 왜 불행하다고 말하는지 그 이유를 알 수 없다. 있는 그대로 존재한다는 것 때문에 불행할 이유는 아무것도 없다. 인간이 새처럼 날 수 없고, 다른 짐승들처럼 네 다리로 걸을 수 없으며, 황소처럼 뿔이 없다는 것을 스스로 안타깝게 여기지 않는다면 말이다. 잘생긴 말이 문법을 모른다고, 과자를 먹지 못한다고 불행하다거나, 황소가 체조를 할 수 없다는 것 때문에 불행하다고 말할 수 있는가? 말이 문법을 모른다는 이유로 불행하지 않은 것처럼, 광기란 것이 인간의 본성과 잘 맞는 이상 우신이 인간을 불행해지게 만드는 일은 결코 없을 것이다.

반대 입장에 선 똑똑한 사람들은 이렇게 주장할 것이다. "인간은 자신의 지능을 이용해 자연이 인간에게 거부한 것을 보완할 수 있도록 여러 학문적 지식을 갖추고 있다." 자연은 각다귀 같은 작은 날벌레나, 심지어 꽃 같은 식물에 대해서는 매우 세심하게 경계하는 데 비해, 인간에 대해서만은 졸면서 경계를 소홀히 해버렸다. 이 때문에 인간은 인류의 적 데우투스가 인간에게 해를 끼치기 위해 만들어낸 학문에 도움을 구해야만 하게 되었다! 사실 플라톤의 책에 나오는 양식 있는 어느 왕이 문자의 발명에 관하여 입증하고 있는 것처럼, 학문은 행복에 거의 아무런 도움이 되지 않기 때문에 사람들이 모두 학문을 통해 이익을 얻으리라고 기대하기는 어렵다. 학문은 인류의 나머지 재앙들과 더불어 인류 안에 침투해 들어왔다. 학문이라는 말은 '모든 악행을 만들어낸 사람', 즉 '악마'라는 단어에서 나왔다. 말하자면 그리스어로 악마라는 말은 학자를 의미한다.

황금시대●를 산 순박한 인류에게는 어떠한 학문도 없었다. 오로지 자연의 본성이 그들을 이끌었다. 사람들은 모두 같은 언어를 사용했고 자신들을 이해시키는 것 외의 용도로는 언어를 사용할 일이 없었으니 그들에게 무슨 문법이 필요했겠는가? 경쟁적 의견이 서로 대립하는 논쟁이 없었으니 어떤 논리학이 필요했을 것이며, 소송이라는 것이 없던 때였으니 수사학은 무엇에 쓰였겠는가? 훌륭한 법률은 의심할 여지없이 나쁜 풍습에서 태어났지만, 나쁜 풍습이 없었을 당시에 법의 원리가 무슨 소용이 있었겠는가? 인간은 너무도 신앙심이 두터워서 자연의 신비에 불경스러운 의구심을 품지 못하였으며, 천체와 그 움직임, 그리고 그것의 영향력을 측정하거나 세계의 비밀스러운 구조를 탐색할 수도 없었다. 그들은 태어나 살다가 죽을 운명인 인간에 대해 알려고 애쓰는 것을 죄악으로 생각했다. 하늘 저 너머를 바라본다는 것은 미친 짓이었고, 아무도 그런 생각을 감히 하지 못하였다. 그러나 황금시대의 순수성은 점차 사라졌고, 앞에서 언급한 악마들이 학문을 만들어냈다. 초기에는 학문의 종류도 많지 않았고 배우는 사람도 거의 없었다. 하지만 점차 칼데아● 사람들의 미신과 그리스인들의 공허한 경박함이 학문의 영역을 침범하여 채우기 시작했고, 지성으로 인한 수많은 고통이 생겨났다. 결국 문법 하나 때문에 인간의 삶이 일생 동안 고통을 받을 정도가 되고 말았다.

33.

그런데 학문 가운데서 최고의 위치에 놓이는 것은 상식에 가장 근

●**황금시대** 그리스 사람들이 인류의 역사를 금, 은, 청동, 철의 네 시대로 나눈 가운데서 첫째의 시대를 이르는 말.

●**칼데아** 유프라테스 강이 형성하는 삼각주와 그 서쪽의 남바빌로니아 지역. 기원전 10세기경부터 이곳에 정착해 살던 칼데아인이 기원전 7세기에 바빌론을 수도로 하여 신바빌로니아 왕국을 세웠다.

접한 것, 즉 광기와 가까운 것들이다. 신학자들은 배고프고 물리학자들은 춥고 점성가들은 비웃음을 받으며 변증법론자들은 무시당한다. "그러나 의사는 혼자만으로도 여러 사람에 비할 만큼 가치가 있다."고들 말한다. 의사들 중에서는 무식하고 무모하며 경솔한 사람이 가장 평판이 좋은데, 이러한 경향은 고귀한 신분의 사람들 사이에서도 마찬가지다. 왜냐하면 오늘날 일반 의학이란 것이 수사학 못지않게 아첨의 형식을 따르기 때문이다. 의사들 다음으로 높은 위치에는 법률가들이 놓인다. 아니, 어쩌면 법률가가 첫 번째일 수도 있다. 철학자들이 한목소리로 하는 말을 들어보자면, 법률가들의 일은 몰상식한 짓거리에 지나지 않는데, 이 어리석은 당나귀들이 큰일이건 작은 일이건 모두 자신들의 수중에 쥐고 흔든다. 그들이 차지한 광범위한 영역은, 신에 관한 자료들을 모두 면밀히 검토한 신학자들이 층층이부채꽃을 조금씩 갉아먹으며 쉬지 않고 빈대와 이를 뒤쫓는• 동안 점점 더 넓어지고 있다. 그러다 보니 결국 광기에 가장 근접한 학문이 혜택을 보게 되는 것이다. 이와 마찬가지로 가장 행복한 사람은 학문으로부터 가장 멀리 도망가 오로지 자연만을 주인으로 여기는 사람들이다. 인간들이 덧없는 인간 조건의 한계에서 벗어나려고 애쓰지 않는 한, 자연은 어떤 상황에서도 실수하지 않는다.

자연은 인공을 혐오한다. 인공적으로 더럽혀지지 않은 것이야말로 무엇보다 가치 있는 것이다.

34.

동물들을 보더라도, 가장 잘사는 것들은 가장 교육을 덜 받은 것들, 자연의 가르침만을 따르는 것들이라고 생각하지 않는가? 꿀벌보다 더

• 유익한 것에 해를 입히고 무익한 것을 따르느라 시간을 낭비한다는 의미다.

행복하고 더 놀랄 만한 동물이 있는가? 벌들이 모든 감각을 가지고 있는 건 아니다. 하지만 건축학이 벌들에 비할 만한 건축법을 발견해낼수 있을까? 지금까지 어떤 철학자도 그와 유사한 국가를 세우지 못하지 않았는가? 반면 인간과 동일한 감각을 가지고 인간과 더불어 살아가는 말은 인간의 비참한 삶과 함께한다. 경마에서 지지 않기 위해 진이 빠지도록 달려야 하고, 기수의 채찍질에 살점이 떨어지는 아픔도 겪어야 하고 먼지도 삼켜야 한다. 거친 재갈, 날카로운 박차, 마구간에 갇힌 삶, 채찍, 몽둥이, 고삐, 기수 등 말이 인간과도 같은 용기로 스스로를 전적으로 복수에 바치며 자발적으로 인내하는 저 굴종의 드라마를 보라.

인간이 쳐놓은 올무에 걸리지 않는 한 자연의 본능에 따라 어디든 자유로이 날아가는 파리나 새들의 삶이 훨씬 좋지 않은가! 사람들이 새장에 가두고 인간의 목소리를 흉내 내도록 훈련한 새들은 묘하게도 본연의 아름다움을 잃고 만다. 자연의 작품들은 사람들이 만들어낸 예술을 능가하지 않는가! 그러므로 변신하여 피타고라스가 된 저 수탉●을 아무리 찬양한다 해도 모자랄 것이다. 이 수탉은 모든 것이 되어보고 나서야 인간이 동물들 가운데 가장 비참한 존재라고 판단했다. 철학자, 남자, 여자, 왕, 개, 물고기, 말, 개구리는 물론 내 생각에 그는 해면까지도 되어보았을 것이다. 모든 동물은 본능의 한계 안에서 사는 것을 받아들이지만, 인간은 본능의 한계를 넘으려 애쓰기 때문이다.

35.

이 수탉은 여러 관점에서 인간들 가운데 학자와 권력자보다는 무지한 자를 더 좋아했다. 분별력이 뛰어난 오디세우스보다 좀 더 현명했

● **그릴루스** 오디세우스의 부하였던. 원
래 인간이었던 돼지. 키르케의 섬에 들
른 오디세우스와 부하들은 모두 마법에
걸려 돼지가 되지만, 헤르메스의 도움
을 받은 오디세우스가 부하들을 다시
인간으로 돌려놓는다. 그러나 그릴루스
는 그냥 돼지로 남기로 결정한다. 복잡
하고 생각 많은 인간보다 단순하고 편
안한 돼지의 삶이 좋았던 것이다.

● **파리스** 그리스 신화에 나오는 트로이
의 왕자. 아프로디테 여신의 도움으로
스파르타의 왕비 헬레네를 납치함으로
써 트로이 전쟁을 일으켰다.

● **아이아스** 그리스 신화에 나오는 트로
이 전쟁 때의 영웅. 아킬레우스의 투구
가 오디세우스에게 전해지는 것을 보고
분하여 자살했다.

던 그릴루스●는 엄청난 위험과 맞서 싸우기보다는 우리에서 꿀꿀대는
편을 더 좋아했다. 그런데 이야기의 아버지 호메로스도 나와 생각이
비슷했던 것 같다. 그도 인간을 불행하고 비참하다고 했으며 파리스●
나 아이아스,● 아킬레우스에게는 전혀 사용하지 않던 지혜의 표본이
라거나 탄식이라는 수식어로 오디세우스를 묘사했다. 왜 그랬을까? 그
것은 바로 능란하고 교활하여 팔라스의 조언 없이는 아무것도 하지 않
는 이 영웅이 자신의 지혜를 남용함으로써 자연의 이치를 완전히 간과
했기 때문이다.

지혜의 신 사제스에게 복종하는 사람들이야말로 가장 불행하다. 그
들은 광란 상태에서 자신들이 인간으로 태어났다는 사실을 잊고 고귀
한 신들의 위치에 오르려 한다. 예를 들어, 이들은 거인족을 본떠 학
문이라는 무기를 갖추고 나서 자연을 상대로 전쟁을 선포한다. 반대

로 가장 불행하지 않은 사람들은 야수성과 어리석음에 가장 가까이 있는 사람들이다. 좀 더 쉽게 이해할 수 있도록 스토아학파식 논법이 아닌 쉬운 예를 들어보자. 불멸의 신들을 두고 맹세하건대, 내가 보기에 참으로 아름다운 별명이라 생각되는 미치광이, 사이코 혹은 바보 얼간이라 불리는 사람들보다 더 행복한 이들이 있을까? 이런 별명은 분별없고 터무니없어 보일 것이다. 하지만 이것은 정말 진실이다. 이런 사람들은 결코 죽음을 두려워하지 않는다. 죽음을 두려워하지 않는다니, 제우스의 이름을 걸고 맹세하건대, 그것은 하찮은 일이 아니다. 그들은 양심의 가책에서 오는 고통을 모른다. 그들은 유령 이야기에도 전혀 놀라지 않는다. 귀신이나 유령에 대한 공포심도 없고, 무섭게 닥쳐오는 불행을 염려하지도 않으며, 미래의 행복에 대해 크게 기대하지도 않는다. 말하자면, 삶을 이루고 있는 수천 가지 근심과 걱정 중 어느 것도 그들을 괴롭히지 못하는 것이다. 그들은 수치심, 두려움, 야망, 동경, 사랑의 감정도 모른다. 신학자들이 단언하는 바에 따르면, 그들은 심지어 짐승처럼 무의식 단계에 이르게 되면 죄를 의식하지 않는다.

어리석음으로 가득한 현자들이여, 불안감으로 그대들의 영혼이 몹시도 괴로웠던 그토록 많은 밤과 낮 시간을 지금 나와 함께 되돌아보자. 당신 앞에 삶의 모든 근심거리를 쌓아두고 그 어리석은 자들을 내가 얼마나 많은 고통에서 구제하였는지 이해하려 애써보라. 그들은 즐겁게 농담하며 웃고 노래하면서 시간을 보낼 뿐만 아니라, 마치 너그러운 신들이 서글픈 인간의 삶을 즐겁게 해주라고 명령하기라도 한 듯 가는 곳곳마다 쾌락과 놀이, 재미와 즐거움을 선사한다. 그래서 타인을 대하는 사람들의 태도가 어떠하든 그들은 항상 친구로 인정받는다. 사람들은 그들을 따르고, 그들에게 음식을 대접하며, 쓰다듬고 아끼고, 필요하면 도와주고, 편안하게 아무 말이나 할 수 있도록 허락해준다. 누구도 그들에게 해를 끼치지 않으며, 사나운 야수들도 그들이 위험하지 않다는 것을 직감으로 느껴 그들을 해치지 않는다. 실제로 그들은 신들의 보호 아래, 특별히 내 보호를 받으며 확실하게 만인의 존경을 받고 있다.

36.

위대한 왕들도 그런 자연스러운 인간들을 무척 마음에 들어 하여 그들 없이는 식탁에 앉지도 않거니와 한 발짝도 걷지 않으며 한 시간조차 견디지 못할 정도다. 왕들은 평소에 위엄을 세우느라 근엄한 현자들을 거느리지만, 그들보다는 광대들을 더 높이 평가한다. 현자들이란 왕에게 슬픔만을 가져다주기 때문에 왕이 광대들을 편애하는 이유는 쉽게 이해되며, 이는 그리 놀라운 사실이 아니다. 온갖 지식으로 무장한 현자들은 진리를 내세워 왕의 예민한 귀에 상처 입히기를 두려워하지 않는다. 그러나 광대들은 왕이 꼭 하고 싶어 하는 것들, 즉 오락, 미소, 파안대소, 쾌락을 안겨준다. 또한 그들에게는 무시할 수 없는 장점이 하나 있는데, 바로 정직과 진실이다. 진실보다 더 칭송할 만한 것이 무엇이 있겠는가? 플라톤이 언급한 알키비아데스의 격언에 따르면, 진실은 포도주와 아이의 입 안에 있다. 그런데 이 모든 공덕이 바로 내게서 비롯했다는 것을 아는가. 에우리피데스●는 "미치광이들은 어리석은 말을 지껄여 댄다."는 유명한 말을 하여 이 사실을 인정했다. 미치광이들은 마음속에 담은 것을 모두 얼굴에 드러내고 또 말로 표현한다. 에우리피데스는 현자들에 대해서도 언급했는데, 그들 역시 두 가지 언어를 가지고 있다고 했다. 하나는 진실을 말하는 언어이고, 다른 하나는 때에 따라 적절하게 표현하는 언어다. 현자들은 '검은 것을 하않게 바꿀' 줄 알고, 같은 입에서 찬 기운과 뜨거운 기운을 동시에 내뿜을 줄도 알며, 감정과는 반대되는 말을 할 줄도 안다.

왕들이 천복을 누리면서도 진실을 듣지 못하고, 친구가 아닌 비위를 맞추는 신하들의 말만 듣게 되는 것은 참으로 동정할 만하다. 사람들은 이렇게 말할 것이다. "왕의 귀가 두려워하는 것은 분명 진실일 것이며, 그의 귀가 현자를 피한다면 그것은 그들에게서 기분 좋은 말보다 솔직한 목소리를 듣게 되는 것이 두렵기 때문이다." 나도 그렇게 생각한다. 왕들이란 진실을 좋아하지 않으니 말이다. 그럼에도 내 도움을 받은 광대들은 놀랍게도 왕이 진실을 받아들이게 할 줄 알며, 왕 앞에서 공공연히 욕설을 퍼부으면서도 심지어 즐거움을 안겨주기까지 한다. 현자가 이런 욕설을 했더라면 그는 죽음을 면치 못하겠지만, 광대의 입에서 나온 진실은 놀랍게도 왕을 즐겁게 한다. 요컨대 진실이란 공격적인 요소를 담고 있지 않다면 분명히 남을 즐겁게 해주는 힘을 갖고 있는 것이다. 그런데 신들은 이런 능력을 광대의 역할로 남겨 놓았다. 여자들도 이런 광대에게 호감을 느낀다. 여자들은 천성적으로 성질이 가볍고 향락을 좋아하기 때문이다. 여자들은 그들이 어떤 행동을 하든, 심지어 아주 심각하게 행동할 때에도 그저 장난이나 우스갯소리로 여긴다. 특히 여자들은 자신이 저지른 작은 실수를 감추는 데 기가 막힐 정도로 소질이 있다.

37.

이제 행복한 사람은 미치광이들 가운데 있다는 이야기로 돌아가보자. 그들은 인생을 즐겁게 보낸 후 죽음을 두려워하지 않고 곧바로 엘리시온●으로 옮겨가 그곳에서 해학과 농담으로 경건하게 무위도식하

●**엘리시온** 그리스 신화에서 신들에게 영원한 생명을 받은 영웅들이 가는 낙원. 처음에는 신의 특별한 은총을 받은 사람만이 이곳으로 보내져 영생을 얻는다고 했으나, 점차 축복받은 사람들이 죽은 뒤에 가는 곳이 되었고, 나중에는 올바르게 산 사람은 누구나 엘리시온에 갈 수 있다고 여겼다.

는 영혼들을 즐겁게 해줄 것이다. 이 미치광이들의 운명과 당신들이 선택한 현자의 운명을 비교해보자.

지혜의 모범이 되는 사람을 하나 선택해보라. 유아기와 청소년기를 학문 연구에 다 써버린 사람, 자신의 황금기를 밤을 새우며 격정 속에 끝없는 일로 날려버린 사람, 남은 삶마저 결코 즐겁지 않은 일에 빼앗

겨버린 사람을 말이다. 그는 항상 인색하고 궁색하며 어둡고 우울하고
자신에게 엄격하고 까다롭다. 또한 타인을 잘 참아내지 못하고 지루하
게 만든다. 그리고 창백하고 말랐으며 병약하고 눈곱이 끼고 늙기도
전에 머리가 벗어지고 일찍 죽음을 맞게 될 운명이다. 그렇지만 이런
사람이 죽는다 한들 무슨 상관이 있겠는가? 이런 사람은 결코 제대로
된 삶을 살아본 적이 없다! 이것이 바로 당신들이 선택한 꼴좋은 현자
의 초상이다.

38.

그런데 스토아학파 개구리들이 또다시 울어 대는 소리가 들린다.
"정신착란은 가장 최고의 악이다. 그런데 광기는 정신착란과 관계가
있으며 사실 거의 혼동된다. 왜냐하면 정신착란은 이성적으로 생각할
수 없는 정신 상태이기 때문이다." 나는 무사이(뮤즈)의 도움을 받아 그
들의 이 특별해 보이는 삼단논법을 깨버릴 것이다. 플라톤의 책에 따
르면, 소크라테스는 아프로디테를 분리해 두 명의 아프로디테로 만들
고 에로스 역시 두 명의 에로스로 만드는 것을 가르쳤다. 마찬가지로
우리 변증법자들도 정신착란과 광기를 구별하여 자신들이 분별 있음
을 보여주어야만 한다. 사실 광기라고 해서 전부 해로운 것은 아니다.
그렇지 않다면 호라티우스●가 "내가 귀여운 망상의 장난감이 된 것인
가?"라고 말하지는 않았을 것이며, 플라톤도 시적 격정이나 예언자들
의 광기, 연인들의 열정을 이 세상에서 누릴 수 있는 위대한 은혜라고
말하지는 않았을 것이다. 또한 시빌 역시 아이네이아스의 습격을 분별
없는 짓으로 여기지 않았을 것이다. 이는 바로 광기에 두 가지 종류가
있기 때문이다.

아이네이아스
트로이와 고대 로마의 신화적 영웅. 트
로이 전쟁을 겪고 살아남은 그는 로마
의 기초를 이루었다.
〈아이네이아스와 안키세스와 아스카니
우스〉 베르니니, 1618~1619년, 보르
게세 미술관(로마)

●**호라티우스** 고대 로마의 시인. 풍자
시, 서정시로 유명했으며, 황제 아우구
스투스의 총애를 받았다.

복수의 여신들(에리니에스)
그리스 신화에서 머리털이 뱀 모양이
고 날개가 달렸으며 손에는 채찍이나
횃불을 든 모습의 사나운 여신들. 사회
질서를 교란하는 자들을 처벌했다.
〈복수의 세 여신에게 쫓기는 오레스테
스〉 자기 어머니를 죽이고(가슴에 칼 꽂
힌 여인) 복수의 여신들에게 쫓기는 오
레스테스의 모습. 부그로, 1862년

●**아티쿠스** 로마의 기사 계급 출신으로
에피쿠로스학파에 속한 인물. 함께 교육
받은 키케로와의 친분으로 유명하다.

하나는 복수의 세 여신이 지옥
에서부터 풀어낸 광기로, 그 여
신들이 자신들의 머리카락 뱀을
던져 인간의 마음속에 전쟁에 대
한 열광, 황금에 대한 꺼지지 않
는 갈망, 치욕적이고 잘못된 사
랑, 부모 살해, 근친상간, 신성모
독 등을 집어넣을 때마다 또는
무서운 횃불로 죄인의 의식을 괴
롭힐 때마다 생겨난다.

그러나 또 다른 광기는 이것과
는 전혀 다르다. 이것은 내게서
흘러나오는 아주 바람직한 기운

으로, 달콤한 환상이 고통스러운 걱정에서 인간의 영혼을 자유롭게 해
방하여 갖가지 다양한 형태의 쾌락을 만들 때마다 넘쳐 나온다. 이러
한 환상에 대하여 키케로는 아티쿠스●에게 자신은 신들이 보내주는
최고의 재능으로 환상을 바라며, 이를 통해 자신의 불행을 모두 잊을
수 있게 되기를 원하노라고 썼다. 또한 아르고스의 남자를 예로 들어
보자. 미쳐버린 그는 하루 종일 혼자 지내면서도 극장에서 가장 아름
다운 연극을 본다고 믿으며 웃고 박수치고 즐거워했다. 그런 점을 제
외한다면 그는 놀랍도록 정상적으로 생활했다. 호라티우스는 "그의 친
구들은 그를 친절하다고 했고, 그의 아내는 그를 매력적이라고 했으
며, 그의 하인들은 그를 관대하다고 했다. 그는 술 한 병을 다 마시고
도 추태를 부리지 않았다."라고 말했다. 가족의 보살핌 속에서 약을 먹
고 그는 차차 병이 나았다. 그런데 제정신을 되찾자 그는 한탄하며 이
렇게 말했다. "폴리데우케스를 걸고 맹세하건대, 친구들이여, 그대들

은 나를 죽인 것이라네! 나를 구한 것이 아니라 나의 기쁨을 빼앗고 매혹적인 환상을 내게서 떠나보낸 것이라네!" 참으로 맞는 말이다. 그의 병을 낫게 한 원산초*는 그를 행복하게 해주는 광기를 병으로 여기고 치료해준 사람들에게나 더 필요했을 것이다.

그런데 당신들은 내가 감각이나 정신의 모든 착란 증세를 광기라고 부르지는 않는다는 사실을 잘 알아두어야 한다. 어지럼증이 있어 당나귀를 노새로 여기거나 보잘것없는 시를 읽고 흥분하는 사람을 미쳤다고 하지는 않는다는 말이다. 하지만 이런 증세는 물론이고 판단까지 잘 못한다면, 특히 그 정도가 심하고 지속될 때는 광기로 봐야 할 것이

● **원산초** 예전에 정신병 치유를 위해 사용하던 식물.

다. 당나귀가 울 때마다 교향곡을 듣는다며 즐거워하고, 가난한 최하층민이면서도 자신을 리디아의 왕 크로이소스라 여기는 사람이 바로 그런 경우다. 이러한 광기는 그것을 경험하는 사람에게나 목격하는 사람에게나 흔히 즐거움을 주는데, 사람들이 생각하는 것보다 훨씬 더 자주 나타난다. 미치광이가 두 명 있다면 그들은 돌아가며 상대를 미치광이라 비웃고 서로 즐거워할 것이다. 이때 더 심하게 웃는 사람을 좀 더 미쳤다고 보면 될 것이다.

39.

나는 사람들이 더 많이 미칠수록 더욱 행복
해진다고 생각한다. 물론 그 광기가 내 영역에
속해 있기만 하다면 말이다. 사실 내 영역은 매
우 넓다. 전 세기에 걸쳐 인류 가운데 항상 현
자였던 사람, 어떤 종류의 광기도 갖고 있지 않
았던 사람은 아무도 없었을 정도로 말이다. 여
기서 한 가지 차이점을 이야기해보자. 만약 호
박을 여자로 여기는 남자가 미치광이로 취급된
다면, 그것은 아무도 그런 잘못을 저지르지 않
기 때문이다. 그러나 자기 아내가 많은 연인들
과 밀회를 즐기는데도 자만심에 가득 차 자신
의 아내가 페넬로페보다 더 정숙하다고 믿고
그렇게 말하는 사람을 미치광이라고 부르는 사
람은 아무도 없다. 그것은 많은 남편들이 공통
적으로 그러한 성향을 갖고 있기 때문이다.

이런 환상에 사로잡힌 사람들 속에 광포한
사냥꾼들도 포함해보자. 그들은 공포심을 불
러일으키는 사냥용 뿔피리 소리와 사냥개 짖는
소리를 들을 때에만 진짜로 행복하다고 생각한
다. 맹세하건대, 개똥 냄새도 그들에게는 계피 향처럼 느껴질 것이다.
짐승을 사냥해 잘게 나누는 일은 또 얼마나 황홀한가! 황소와 염소를
도축해 나누는 일은 평민이 하지만, 사냥한 들짐승을 자르는 것은 귀
족들의 몫이다. 여기, 모자를 벗고 무릎을 꿇고 다른 칼로는 대신할
수 없는 훌륭한 식칼을 손에 든 귀족이 있다. 그는 고기의 일정한 부위

페넬로페
그리스 신화에 나오는 오디세우스의
아내. 오디세우스가 트로이 전쟁에 나
가 돌아오기까지 20년간 수많은 남자
들의 구혼을 물리치고 끝까지 정절을
지켰다.
〈페넬로페〉 베카푸미, 1519년경, 만프
레디니아나 미술관(베네치아)

를 자르기 위해 의식을 치르듯 순서에 따라 몇몇 동작을 취한다. 그를 둘러싼 군중이 입을 벌린 채 이미 천 번도 더 봤을 이 광경을 새로운 사건을 대하듯 찬탄해 마지않으며 보고 있다. 수없이 들짐승을 쫓아다니고 그 고기를 사냥해 먹어본 덕에 이제 사냥꾼들은 들짐승과 비슷해진 듯하다. 그런데도 그들은 자신들이 왕처럼 생활하고 있다고 믿는다.

돌에 미친 사람들도 이와 비슷하다. 이들은 하루는 둥근 건물을 네모진 것으로 바꾸고, 다른 날은 네모진 건물을 둥근 것으로 바꾸다가 결국 공사를 끝맺지 못하고 망쳐버린다. 그들은 이제 먹고 거주할 방법을 찾지 못한다. 그러나 무슨 상관이 있겠는가! 그들은 정말 행복하게 몇 년간을 지내지 않았는가!

또 새롭고 신비한 시도를 통해 원소의 성질을 바꾸고 땅과 바다를 탐색해 순수한 에테르인 제5원소를 찾으려 애쓰는 사람들도 있다. 마음속에 달콤한 희망을 품은 그들은 결코 어떤 노력도, 비용도 아끼지 않는다. 그들의 머릿속에는 놀라운 상상이 가득하다. 그로 인해 혼란스럽기도 하지만 그런 상상이 너무나 소중해서 가진 돈을 다 써버리게 되고, 마지막에는 화덕 하나 만들 돈조차 남지 않게 된다. 그래도 그 유혹적인 꿈을 포기하기는커녕 자신이 맛본 행복을 다른 사람들도 느낄 수 있게 하려고 노력한다. 결국 마지막 희망마저 보이지 않을 때는 이런 아름다운 말로 스스로를 위로한다. "위대한 일은 그 일을 하고자 했다는 것만으로 충분하다." 그러고는 이 원대한 자신의 기획을 완수할 수 없을 만큼 생이 짧은 것을 한탄한다.

도박꾼들도 이 집단에 넣어야 할까? 그건 약간 망설여진다. 하지만 떨어지는 주사위 소리에 콩닥콩닥 두근대는 가슴으로 도박을 하러 모인 사람들처럼 우스꽝스러운 광경은 없을 것이다. 그들은 도박판에서 돈을 딸 것이라는 희망을 결코 버리지 않는다. 그러나 자신의 운을 신고 가던 배가 말레아 곶*보다 훨씬 더 위험한 도박이라는 암초에 걸려 난파하고, 배에 탄 사람들이 벌거벗은 채 죽을힘을 다해 거친 파도를 헤치고 살아 나오면, 그들은 무엇보다 자신들이 영리하지 못한 취급을 받을 것이 두려워, 도박에서 이긴 사람들보다 더 심하게 사람들을 속이고 기만할 것이다. 눈이 거의 보이지 않는데도 우스꽝스럽게 안경을 걸치고 여전히 도박판을 기웃거리는 노인들도 있지 않은가. 그러다 관절염으로 관절이 틀어져도 그들은 주사위를 던져줄 사람을 사서라도 도박을 하지 않는가. 사실 이렇듯 미치지만 않는다면 도박은 유쾌한 놀이다. 그러나 그것은 내 권한이 아니라 복수의 세 여신이 맡고 있다.

성 크리스토포루스
3세기경 활동한 가톨릭 성인. 실제로 존재했는지는 확실치 않다. 후대에 생긴 많은 전설의 주인공이기도 한데, 그는 거인이었으며 강에서 여행자들을 건네주는 일을 하였다고 한다. 어느 날 강을 건너게 해달라고 부탁한 소년을 업고 강 한복판에 이른 그는 소년이 점점 무거워져서 물속에 잠기게 되었다. 강을 건넌 후에 보니 소년이 보이지 않았는데, 그가 바로 그리스도였다. 그래서 그리스어로 '그리스도를 업은 사람'이라는 뜻의 이런 이름이 붙었다고 한다. 〈성 크리스토포루스〉 호세 드 리베라, 1637년, 프라도 미술관(마드리드)

● **말레아 곶** 그리스의 남쪽 라코니아 만과 에게 해 사이에 있는 곶. 이 일대는 바람이 종잡을 수 없고 대피처가 없어서 예로부터 선원들에게 공포의 대상이었다.

40.

나는 허망하고 엉뚱한 기적 이야기를 듣거나 이야기하기 좋아하는 사람들을 우리와 같은 종류의 사람들이라고 진정으로 인정한다. 그들은 유령, 귀신, 망령들 얘기는 물론이고 지옥의 영혼과 같은 수많은 놀라운 이야기들을 끊임없이 듣기를 좋아한다. 그들은 그 이야기들이 사실이 아닌 듯 보일수록 재빨리 믿어버리려 하며 그로 인해 기분 좋은 만족감을 느낀다. 게다가 이런 이야기들은 단지 지루한 시간을 재미있게 보낼 수 있게 해주는 것만 아니라 일종의 이득이 되기도 하는데, 사제나 설교자들에게는 매우 도움이 된다.

폴리페모스라 불리는 성 크리스토포루스의 동상이나 그림을 마주

하면 그날 중으로는 절대 죽지 않는다는 광적인 확신을 가지며 안심
하는 사람들, 성녀 바르바라의 조각상을 바라보며 전쟁에서 무사히
돌아오기를 기원하는 사람들, 즉시 복을 받을 것이라 확신하며 며칠
에 걸쳐 몇 개의 촛불 앞에서 에라스무스 성인에게 짧은 기도를 드리
는 사람들도 이와 비슷한 사람들이다. 이들에게 두 번째 히폴리투스●
가 있는 것과 마찬가지로 이들은 성 게오르기우스를 또 하나의 헤라
클레스로 여겼다. 사람들은 게오르기우스가 타는 말의 마갑과 말 장

성녀 바르바라
전설적인 가톨릭 성녀. 이교도의 딸로, 가
톨릭으로 개종한 후 아버지에 의해 참수되
었다고 한다.
〈성녀 바르바라〉 반다이크, 1437년, 안트
베르펜 왕립미술관

신구를 거의 숭배하다시피 한다. 예를 들어 작은 봉헌물만 바쳐도 은총을 얻을 수 있다거나 이 성인의 청동 투구를 걸고 맹세하면 왕 앞에서 서약한 것이나 다름없다고 믿는 것이다.

죄를 짓고도 마음대로 지어낸 용서를 받은 듯 기분 좋은 환상을 품는 사람들, 지옥에 있을 기간을 물시계를 사용하기라도 한 듯 몇 세기, 몇 년, 몇 개월, 며칠, 몇 시간까지 정확하게 계산하여 도표를 만들어내는 사람들에 대해서는 뭐라고 말해야 할까? 탐욕스러운 허풍쟁이나 사기꾼 신자가 거짓으로 꾸며낸 주문이나 기도를 믿고 부와 명예, 쾌락, 풍요, 무병장수, 건강한 노년, 마지막으로 천국의 예수 옆자리까지, 이 모든 것을 약속받은 것으로 기대하는 사람들에 대해선 또 뭐라고 말해야 할까? 그들은 자신들이 집착하는 이승의 쾌락을 포기하고 천국의 쾌락에만 만족해야 할 때가 되면, 가능하면 늦게 예수의 옆자리에 앉게 되기를 여전히 원하지 않는가. 저기 저 상인과 군인, 판사를 보라. 그들

은 약탈한 물건의 일부와 약간의 돈을 바치
면 레르나의 늪이나 다름없는 자신들의
삶이 한번에 정화되리라 생각한다.
또 간단한 서약만으로 그토록 많은
거짓과 방탕, 술주정, 싸움, 살인,
사기, 배신, 부정행위가 완벽하게
용서되리라 믿기 때문에 그런 악
행을 저지르고 난 후에도 또다시
거리낌 없이 악행을 저지를 수 있
는 것이다.

　　〈시편〉 가운데 일곱 구절을 매
일 암송하면 구원을 받고 더없는 행복
을 약속받는다고 믿는 사람들보다 더 미
친 사람이 뭐라 말하겠는가? 이들보다 더 행복
한 사람들이 있겠는가! 그런데 이 신비로운 〈시편〉 구
절들은 어떤 악마가 농담으로 성 베르나르에게 가르쳐준 것이라고 한
다. 이 악마는 스스로 자기 꾐에 걸려든 것이므로 약삭빠르다기보다는
경솔했다고 볼 수 있다. 이와 비슷한 짓거리들에 대해서는 나 역시 수
치스러움을 느끼며, 미천한 인간들뿐 아니라 종교 지도자들도 이런 사
실을 인정한다.

　　각 나라 사람들은 목적에 따라 특정한 성인聖人에게 간청하게 마련
이다. 즉 특정 성인에게 일정한 특징을 부여하고 성인에 따라 각기 다
른 의례를 마련한다. 치통을 낮게 하기 위해서도 성인이 필요하고, 아
기를 무사히 낳기 위해서도 성인이 필요하다. 도둑맞은 물건을 되찾아
주는 성인, 조난한 사람을 구해주는 성인, 가축을 지켜주는 성인 등 여
러 성인이 있으며, 열거하자면 끝이 없다. 몇몇 성인은 특정한 능력을

레르나의 늪
헤라클레스가 괴물 히드라를 죽였다는
전설의 늪.
〈헤라클레스와 레르나 늪의 히드라〉
안티코, 1490년경, 바르젤로 국립박
물관(피렌체)

●**시편** 《구약성경》 가운데 한 권. 노래
할 수 있게 지어진 시 150편이 실려 있
다. 신에 대한 찬양, 감사, 구원 등의 내
용을 담고 있다.

더 갖고 있다. 사람들 대다수는 특히 성모 마리아가 아들 예수보다 더 많은 능력을 가지고 있다고 생각한다.

성모 마리아
〈기도하는 성모 마리아〉 사소페라토,
1640~1650년, 내셔널 갤러리(런던)

41.

그런데 사람들이 성인들에게 무엇을 간청하겠는가? 나, 우신과 관계된 것이 아니라면 말이다. 교회의 벽에서 천장에 이르기까지 온통 뒤덮은 감사의 봉헌 기도문을 읽어보라. 광기가 나았다거나 조금이라도 지혜를 얻게 해주어 감사하다는 사람은 아무도 없다. 그저 물에 빠졌지만 헤엄을 쳐서 살아난 사람, 전투 중 다쳤지만 살아남은 사람, 다른 전우들은 싸우든 말든 버리고 도망쳐서 살게 된 사람들뿐이다. 이들은 자신들이 운이 좋았으며 용기가 있었기 때문이라고 말한다. 교수대를 경험한 죄수는 운 좋게 풀려난 후 도둑들의 수호성인에게 영광을 돌리고, 그런 다음에 돈이 넘쳐나는 부자들의 짐을 덜어주기 위해 또다시 죄를 저지르기도 할 것이다. 감옥 문을 부순 사람, 열이 내려서 의사를 격분하게 한 사람, 들이마신 독약이 배설되어 오히려 몸만 정화된 사람, 그 때문에 그의 아내는 노고와 비용을 고스란히 지출했지만 말이다. 마차가 전복됐는데도 자신의 말들을 무사히 끌고 집으로 돌아온 사람, 무너진 건물의 잔해 속에서 구출된 사람, 남편에게 붙잡혀 있다 도망쳐 나온 여인도 있다. 하지만 광기에서 자유로워졌다는 것 때문에 감사를 드리는 사람은 없다. 미치광이가 된다는 것은 정말 달콤한 일인 듯하다. 인간들은 모든 것에서 구제해달라고 간청하면서도 나, 우신에게서 벗어나기 위해서 애원하지는 않으니 말이다.

그런데 왜 이런 미신의 바다로 출범해야 하는가? "내가 백 개의 혀와 입, 청동 같은 목소리를 가졌어도 온갖 종류의 미치광이들과 광기의 이름을 모두 열거할 수는 없을 것이다." 그것은 그리스도교 신자들의 삶이 기상천외한 부조리로 넘쳐나기 때문인데, 사제들은 자신에게 어떤 이득이 돌아올지 알기에 그런 미친 짓들을 기꺼이 받아들인다. 만약 사제들 가운데 귀찮게도 한 현자가 일어나 사실을 있는 그대로 말한다고 하자. "만약 그대가 잘 살았다면 삶을 비극적으로 마감하지는 않을 걸세. 죗값을 치르기 원한다면 헌금을 바치고 그대의 과오를 뉘우친 다음, 눈물을 흘리며 밤 새워 기도하고, 단식하며, 행동거지를 완전히 바꾸게나. 그리하여 그대의 삶이 그대가 기도를 올린 성인의 삶과 비슷해진다면 그분께서 그대를 보호해주실 것이네." 만약 현자가 이러한 진실과 그와 유사한 다른 진실들을 되풀이해 말한다면, 그는 사람들의 영혼에서 행복을 빼앗고 그들의 영혼을 고통 속에 처넣게 될 것이다.

살아서 자신의 장례식을 아주 세심하게 미리 준비하는 사람들도 이 부류에 포함하자. 이들은 장례용 초와 검은 상복의 개수, 조가弔歌 부를 사람과 장례 행렬에 필요한 들러리 수까지 미리 챙겨놓는다. 장례식이 죽은 자신에게 영향을 끼치기라도 하는 듯, 마치 장례식이 덜 화려하면 죽은 자에게 욕이 될 수도 있다는 듯이 말이다. 이는 방금 뽑힌 관료들이 경주와 축제를 준비하느라 온 정신을 쏟아 부을 때의 상태와 마찬가지다.

42

더 이야기할 시간은 없지만, 그렇다고 비천한 노동자와 하나도 다를 것이 없으면서 공허한 귀족이라는 칭호만으로 자만심에 가득한 사람들을 어찌 지나칠 수 있겠는가! 어떤 이는 자신의 시조始祖가 아이네이아스라고 말하고, 또 어떤 이는 브루투스 혹은 아르크투루스•라고 말한다. 그들의 집은 곳곳마다 그 조상들의 조각상과 초상화로 장식되어 있다. 증조부와 고조부의 이름을 들먹이며 조상들의 오래된 별명까지 상기시키는 그들은 아무 말 없는 그 조각상들과 꼭 닮았으며 그들이 펼쳐 보인 그림들보다 더 나을 것이 없다. 그럼에도 사랑으로 충만한 필라우티아(자기애 혹은 자존심) 덕분에 온전히 행복하게 살고 있는 이런 무식한 자들을 신을 대하듯 바라보는 미치광이들도 없지 않다.

이렇게 어디서든 필라우티아가 놀랍게도 행복을 퍼뜨리고 있는데, 이런저런 예를 언급해서 뭘 하겠는가! 원숭이보다 못생겼으면서도 스스로 니레우스처럼 멋지다고 생각하는 사람이 있는가 하면, 컴퍼스로 세 개의 선을 그어놓고는 유클리드•로 자처하는 사람도 있다.

대단히 기분 좋은 종류의 광기도 있다. 하인의 장점을 자신의 명예로 삼아 제 것이라 주장하는 사람들의 광기다. 세네카가 말한 한 벼락부자가 바로 이런 식으로 과분한 행복을 누렸다. 그 부자는 길지 않은 이야기를 할 때도 자신이 해야 할 말을 미리 알려주는 하인을 옆에 두었고, 몸이 약한데도 누군가 싸움을 걸어오면 집에 있는 건장한 노예를 믿고 그 대결을 흔쾌히 받아들였다.

직업 예술가들에 대해서 말할 필요가 있을까? 그들은 모두 강한 자존심을 가지고 있어서 자신의 재능을 바치느니 차라리 유산 받은 땅을 내놓으려 할 것이다. 특히 배우, 가수, 연사, 시인들이 그런 경향이 심하다. 재능이 적은 사람일수록 쓸데없이 포부가 크고 무례하며 거드름을 피우고 우쭐대기 마련이다. 누구나 자신의 상품을 팔려고 애쓰는데, 사실 좀 무능한 사람일수록 그를 따르며 칭송하는 무리를 더 많이 거느린다. 사람들은 대부분 우신에게 복종하는 노예이기 때문에 필연적으로 가장 악한 자가 제일 많은 사람들의 마음에 들게 마련이다. 마찬가지로 능력이 없을수록 스스로 쉽게 만족하고 다른 사람들에게 최고의 칭송을 받는 일이 많다. 그러니 진정한 지식을 얻으려 노력하는 것이 무슨 소용이란 말인가? 더구나 진정한 지식은 습득하기도 힘들고 사람들을 지루하고 생각이 많게 만들 뿐 아니라, 결국은 사람들에게 거의 인정받지도 못하니 말이다.

<h2 style="text-align:center">43.</h2>

자연은 사람들이 각자 자기 자신에 대한 사랑, 즉 필라우티아를 가지고 태어나게 한 것처럼, 모든 국민, 모든 도시도 필라우티아를 갖게끔 해주었다. 그 결과 잉글랜드● 사람들은 다른 어떤 재능보다 아름다운 신체와 음악적 재능, 품위 있는 식사를 즐길 줄 아는 취향을 가졌다고 주장하고, 스코틀랜드● 사람들은 귀족이나 왕족과의 관계, 논쟁의 재주를 지녔음을 자랑한다. 프랑스 사람들은 자신들이 세련된 취향을 가졌다고 주장한다. 파리 사람들은 특히 신학의 전권을 가로채다시피 차지하였고, 이탈리아 사람들은 문학과 웅변의 전권을 독점하면서 자신들만이 유일하게 야만족이 아니라는 자부심을 드러낸다. 이런 종류의 행복감에 사로잡힌 사람들 가운데 최고는 로마인들로, 그들은 여전히 고대 로마의 꿈에 도취되어 있다. 베네치아 사람들의 행복은 귀족 계급을 통해 만들어지며, 스스로 예술의 창조자라 여기는 그리스 사람

●**잉글랜드** 연방왕국인 영국을 구성하는 네 지역(잉글랜드, 스코틀랜드, 웨일스, 북아일랜드) 가운데 가장 중요한 지역. 그레이트브리튼 섬의 반 이상을 차지한다. 지적이고 예술적인 지역으로 크리켓, 축구, 럭비의 발상지이기도 하다.

●**스코틀랜드** 영국을 구성하는 네 지역 가운데 하나. 그레이트브리튼 섬의 3분의 1을 차지하며 네 지역 중 가장 북쪽에 위치한다. 1707년까지 독립국이었다가 잉글랜드와의 연합법에 동의, 영국의 일부가 되었다.

들은 고대의 영웅들에게 주어진 영예로운 칭호가 자신들의 것인 양 여
긴다. 야만인이라고 일컬어지는 터키•사람들은 자신들이 최고의 종
교를 가졌다고 주장하면서 그리스도교 신자들을 미신을 믿는다며 조
롱한다. 더 재미있는 것은 유대인•인데, 그들은 끈질기게 구세주를 기
다리며 오늘날도 여전히 모세를 섬기고 있다. 스페인 사람들은 전쟁에
나가 승리하는 영예를 어느 누구에게도 양보하지 않는다. 독일 사람들
은 큰 키와 마술에 대한 지식을 자랑스럽게 여긴다.

44.

더 말할 필요도 없다. 당신들도 이제 필라우티아가 모든 사람들에
게 얼마나 만족감을 주고 있는지 알았을 테니 말이다.

필라우티아에게는 '플라트리아(아첨)' 라는 여동생이 있는데, 둘은 매
우 닮았다. 필라우티아는 자기 자신을 어루만지고, 플라트리아는 다른
사람이 기분 좋아지도록 아첨하기 때문이다. 그렇지만 오늘날 사실이

아니라 말에 의해 마음이 흔들리는 사람들은 플라트리아를 비난하고 있다. 그들은 성실함과 아첨이 서로 양립할 수 없다고 생각하지만, 그 반대의 경우를 증명해주는 많은 예가 있다. 동물을 예로 들어보자. 개처럼 사람에게 아첨을 잘하면서 동시에 충실한 동물이 있는가? 다람쥐보다 더 어리광을 잘 부리면서 동시에 친구처럼 친밀한 동물이 있는가? 사나운 사자나 잔인한 호랑이 혹은 성난 표범 같은 맹수가 인간의 삶에 이롭다고 할 수 있는가? 물론 불행한 사람들을 파멸시키기 위한 사악함과 비웃음을 담은 명백히 해로운 아첨도 있다. 그러나 내게서 나오는 아첨은 선의와 순수함을 담고 있다. 이러한 아첨은 투박스러움이나 호라티우스가 말한 우울하고 거친 기질과는 정반대다. 내게서 나오는 아첨은 낙담한 영혼을 일으켜 세우고, 슬픔을 어루만져주며, 무기력한 사람들을 격려하고, 둔감해진 사람들에게 생기를 불어 넣어준다. 아픈 사람들의 고통을 덜어주고, 화난 마음을 누그러뜨리며, 사랑하는 사람들을 친밀하게 만들어 하나로 맺어주기도 한다. 아첨은 아이가 공부를 좋아하게 만들기도 하고, 노인의 주름을 펴주기도 하며, 조언과 가르침을 칭찬으로 포장하여 왕이 마음을 다치지 않도록 넌지시 말할 수 있게도 해준다. 즉 아첨은 사람을 좀 더 편안하게 만들고, 자신을 더욱 사랑하게 만드는 행복의 정수인 것이다. 상대방을 서로 긁어주는 두 마리의 당나귀보다 더 친밀한 것을 본 적이 있는가?

아첨은 저명한 웅변에서는 일부를 차지하고, 의학에서는 좀 더 큰 비중을 차지하며, 시에서는 최고의 정점에 위치한다. 아첨은 모든 인간 관계에서 꿀이자 양념이다.

르네상스 시대의
우인문학과《우신 예찬》
―비이성적인 것이 이성적인 것이다

르네상스 문화의 도래

16세기 초엽 유럽은 모든 영역에서 전권을 휘두르던 종교적 이데올로기가 힘을 잃고 그리스, 라틴 문화의 부활을 의미하는 르네상스Renaissance(프랑스어로 '재생' 혹은 '부흥'이라는 뜻이며, '문예부흥'이라고 해석된다) 문화가 움트고 있었다. 우리는 일반적으로 중세에서 르네상스 시대로 넘어가면서 인간의 시선이 '하늘-신'에서 '지상-인간'으로 향하기 시작했다고 비교하거나 종교의 시대가 가고 인문주의가 지배하는 시대가 왔다고 단언하지만, 이것은 지극히 단순한 지적이다. 중세의 공식적인 이념이던 기독교의 지배 아래서도 라틴 문화와 고전적 수사학을 바탕으로 학자나 성직자들이 이뤄낸 고대 문학의 전통이 있었으며, 심지어 12세기에는 유럽 최초의 대학이 설립되었고 고대의 작품들에 대한 관심이 고조된 '중세의 르네상스'라 불리던 때도 엄연히 존재하였

갈릴레이
갈릴레오 갈릴레이(1564~1642), 이탈리아 르네상스 말기의 물리학자, 천문학자, 철학자. 지동설을 주장했다.

다. 중세에도 고대 문화의 전통이 명맥을 이어왔다는 사실을 주지해본다면, 결국 르네상스 시대에는 중세에 약화되었던 이 전통이 새로운 정신적 흐름에 힘입어 다시 한 번 비약하기 시작했다고

코페르니쿠스
코페르니쿠스(1473~1543), 폴란드의 천문학자. 육안으로 천체를 관측, 지동설을 주장했다.

보는 것이 더 합당하다. 그렇다면 16세기에 들어와 이러한 부흥의 움직임에 힘을 실어준 새로운 동력은 무엇이었을까?

인간과 이성理性에 대한 관심

15~16세기에는 과학의 발전과 기술의 혁신으로 인간의 삶의 지평이 넓어지기 시작했다. 갈릴레이의 지동설은 물론 코페르니쿠스의 새로운 학설이 등장해, '우주만물을 창조한 것은 신이며, 신이 창조한 이 세계가 우주의 중심'이라는 믿음 아래 신의 섭리에 복종하던 중세의 가톨릭적 세계관은 위기를 맞았다. 한편 조선술과 항해술의 발달로 유럽인은 신항로를 개척하고 신대륙을 발견하여 인간의 사고와 상상력은 무한히 확장되었다. 또 인쇄술이 발명, 실용화됨으로써 지식의 대중화가 이뤄졌고, 학문의 연구와 보급이 가능해지면서 인문주의가 싹트기 시작했다. 특히 《성경》이 번역되고 대중에게 보급됨으로써 기존 가톨릭의 권위와 맹목적인 신앙을 요구하는 교회에 대항하여 초기 교회의 순수한 신앙을 복원하자는 복음주의가 확대되기 시작하였다. 그리고 무엇보다 유럽인들을 매료한 이탈리아의 영향을 빼놓을 수 없다. 문화 선진국이던 이탈리아의 문학과 사상, 예술에 걸친 문예부흥 운동과 고대의 문화유산은 모든 면에서 유럽인을 자극하였으며, 프랑스를 거쳐 전 유럽으로 확산되기 시작했다. 중세를 지배하던 신학은 이제 16세기에 이르러 인간 중심의 인간학과 인문학에 밀려나고 만 것이다.

이 시기에 유럽 전역으로 퍼져 나간 인간 본위의 이 새로운 문예부흥의 움직임을 지칭하는 '르네상스'라는 이름은 사실상 19세기 초에 붙여졌고, 당시 독일에서도 '후마니스무스humanismus'라는 다른 이름으로 지칭되었다. 이 두 명칭은 모두 그 본질을 '인간'에 대한 새로운 관심으로 규정하고 있으며, 구체적으로는 신학과 신의 질서에서 벗어나 독립된 주체로서의 인간을 탐구하여 인간의 문제를 순수하게 인간적인 차원으로 되돌리자는 것을 의미한다. 그런데 이러한 지적 탐구의 핵심 개념이 바로 인간의 '이성'이다. 종교적 권위와 감시에서 벗어난 16세기 인문주의자들은 이성을 신뢰했고, 인간의 자유의지로 모든 가능성을 아낌없이 발휘하려는 듯 이성의 힘에 경도되었다.

한편 진리 탐구에 대한 인간의 과욕과 무한한

정신적 도전은 배타적이며 독단적인 태도로 변질되면서 광신주의狂神主義로 치닫기 시작한다. 이런 상황에서 이성에 대한 관심은 다시 이성에 대한 회의라는 반성적인 움직임을 낳게 되는데, 이 지점에서 프랑스의 회의주의자 몽테뉴와 네덜란드의 인문학자 에라스뮈스를 떠올리지 않을 수 없다. "내가 무엇을 아는가?"라고 자문한 몽테뉴는 인간이 절대적으로 신뢰하는 진리가 가능한지 회의하면서, 인간이 인간과 세상에 대해 주장한 모든 지식과 확신, 이념을 비웃었다.

또 한 사람, 유럽의 회의론적 지식인들에게 절대적인 영향을 준 데시데리위스 에라스뮈스 역시 이성의 이름으로 휘두르는 지적 오만과 광기, 독단을 버리고 자연의 질서와 본성에 충실할 것을 주장하였다. 그의 대표작 가운데 《신약성경》과 《격언집》 그리고 《우신 예찬》은 바로 이러한 생각을 고스란히 반영하고 있다. 그리스어로 쓴 《신약성경》은 원전과 대조해가며 어학적으로 정확히 해석한 것인데, 비판적이고 실증적인 《성경》 연구를 토대로 한 것으로 그 가치를 인정받고 있다. 그는 인간이 교회의 이름을 빌려 자의로 왜곡하고 더럽힌 가톨릭교회를 순수한 본래의 정신으로 되돌릴 것과 오로지 자비라는 그리스도의 복음을 따를 것을 주장하였다.

우인문학의 등장과 《우신 예찬》

《우신 예찬》이 발간된 1511년 당시 유럽에서는 '우인문학Fool's Literature'이라는 하나의 흐름이 나타났다. 이성의 힘에 매료된 16세기와 합리주의를 표방하는 고전주의의 17세기, 개명의 세기인 18세기에 이성에 대한 회의론적 비판이 일기도 했지만, 일반적으로 서구 문학에서 비이성적인 것은 학문의 정통성을 일탈한 것으로 간주되어 제대로 평가받지 못하였다. 이러한 배경에도 바보나 광대, 광인 혹은 우화적 인물을 주인공으로 등장시켜 사회의 부패를 고발하고 풍자하는 우인문학이 유행한 것은 주목할 만한 일이다.

우인문학을 대표하는 작품으로는 독일의 인문주의자인 제바스티안 브란트의 시, 〈바보들의 배Das Narrenschiff〉(1494)가 유명하다. 〈바보들의 배〉는 '나라고니아'라는 천국으로 가는 배를 탄 바보들의 이야기로, 이를 통해 종교개혁 이전 가톨릭교회의 부패를 풍자하고 있다. 이 시는 알렉산더 바클리가 1509년 〈전 세계 바보들의 배The Ship of Fools of the World〉로 개작하였고, 비교적 최근인 1962년에는 캐서린 앤 포터가 동일한 제목으로 《바보들의 배Ship of Fools》라는 우화소설을 썼다. 또 독일의 토마스 무르너도 1512년 바보를 주인공으로 내세운 《바보들의 기원Narrenbeschwörung》을 써서 우인문학의 발달에 일조하였다.

그리고 무엇보다 에라스뮈스의 《우신 예찬》을 빼놓고 우인문학을 말할 수 없다. 《우신 예찬》에서는 제바스티안 브란트처럼 웅변가나 도덕주의자들이 바보로 희화되기도 하지만, 이 책의 독창성은 무엇보다 바보인 우신 자신이 현자인 바보들을 꾸짖는다는 점에 있다. 《우신 예찬》은 라틴어로 우신인 모리아Moria 여신이 자기애에 도취하여

〈바보들의 배〉
《바보들의 배》 1549년판 표지

도니스의 정원에서 봄 직한 몰리, 파나케이아, 네펜테, 꽃박하, 암브로시아, 로토스, 장미, 오랑캐꽃, 히아신스 등이 가득한 정원이 있는 행운의 섬에서 태어나 아름다운 요정, 디오니소스의 딸 '취기'와 판의 딸 '무지'의 젖을 먹고 자랐다. 묘사에서 보듯 우신, 모리아는 이성과는 거리가 먼, 인간의 쾌락과 행복을 주관하는 여신이다. 무지와 어리석음의 여신 모리아는 인간의 본성과 정념에 충실하고 "인간이 태어난 대로 길러지고 공통된 조건에 따라 형성되어 가는 것을 왜 불행이라고 말하는지 그 이유를 알 수 없다."고 한탄한다. 모리아는 자신의 소관인 정념에 대해서 금기시하고 멀리했던 스토아 학자들을 비난하면서 "현자에게 어떠한 정념도 엄격히 금지한 스토아 학자인 세네카의 주장대로라면, 그는 인간 자체를 제거하고, 어디에도 존재하지 않고, 앞으로도 결코 존재하지 않을 조물주, 즉 새로운 신을 만드는 것이나 다름없다. …… 다시 말해 인간적 감정도 없는 대리석상을 만드는 셈이다."라고 꼬집었다.

이러한 모리아 여신의 주장에 따르면, 오로지 자연의 본성이 이끄는 대로 따르던 순박한 '황금시대'야말로 우신 모리아가 지향하는 세계다. 이 세계에서 언어란 모든 이들에게 동일했고, 자신을 이해시키며 서로 간에 소통하는 것을 목적으로 하였다. 대립과 논쟁이 없었으니 논리도 필요하지

스스로를 예찬하는 것이면서, 동시에 어리석음 Folly(프랑스어로는 La Folie)에 대한 예찬으로도 해석된다.

《우신 예찬》의 첫 부분에서 모리아 여신이 자신을 소개하듯이, 모리아 여신은 '참으로 어리석은' 여신으로, 정열적이고 젊은 아버지 플루토스와 '모든 요정 가운데 가장 매력 있고 싱그러운 헤베' 사이의 사랑으로 태어났다. 모리아 여신은 아

않았고, 소송이 없으니 수사학도 법률도 필요 없는 세계였다는 것이다. 그러나 사악한 천재들이 학문을 발명하여 황금시대의 순수성은 사라지게 되었으며, 얕은 지식으로 인한 사람들의 경박함과 지성으로 인한 고통이 생겨났고, 문법 하나, 법률 조항 하나 때문에 우리 삶은 고통스러워졌다는 것이다. 이성주의자인 플라톤의 동굴의 비유를 모리아 여신은 행복한 바보와 불행한 현자의 예로 해석하지 않았던가. "플라톤의 동굴에서 사물의 그림자와 이미지를 보고 그 이상 아무것도 바라지 않고 놀랍도록 즐거워한 사람들과 동굴에서 나와 있는 그대로의 사물을 본 현자들"의 차이에서 모리아는 주저하지 않고 어리석음의 편을 든다. 궤변처럼 들리지만 그리스어로 '학문'이라는 단어는 '모든 악행을 만들어낸 사람', 즉 '악마'라는 단어에서 유래하였다고 한다. 모리아는 이러한 고대인들의 학문에 대한 사고에 전적으로 동감을 표한다. 인공적인 것을 거부하는 자연은 "인간들이 인간 조건의 한계에서 벗어나고자 애쓰고 과욕을 부리지 않는다면 어느 상황에서도 실수하지 않는다."는 교훈을 모리아 여신은 《우신 예찬》에서 변덕스럽고 익살스럽고 때론 풍자적인 말투로 쏟아낸다.

그러나 무엇보다 《우신 예찬》은 신과 그리스도야말로 어리석은 자의 표본이라고 확언하는 대목에서 가장 설득력을 발휘한다. 먼저 모리아는 그리스도가 '양 떼의 목자'라고 자신을 지칭한 것을 예로 든다. 그리스도는 꾀 많은 여우 같은 짐승보다는 어리석고 머리가 둔한 사람을 모욕할 때 상징적으로 사용되는 양 떼를 선택하였다는 것이다.

그리스도는 특히 아이들과 여자들, 어부들, 당나귀, 아기 사슴, 어린 양, 참새, 야생의 꽃처럼 이성이 없는 것들과 꾸밈없고 근심 없이 사는 모든 것에 애정을 갖고 본보기로 제시하였는데, 이것이 바로 자연을 따르는 그리스도의 행동 원리라고 모리아는 말한다. 그리고 그리스도가 사도들에게 '어리석은 광기를 가지라!'고 간절히 권하였다는 것을 강조한다.

또 그녀는 우신의 존재가 하느님의 구원에 필연적인 것이라고 흥분하여 단언한다. "정말 지혜로운 사람이 되려면 바보가 되어야 합니다."라는 사도 바울로의 말씀처럼 하느님도 광기의 속성이 필요하다고 인정하였다는 것이다. 또 인간의 본성을 갖추고 '인간의 형상으로 태어나' 죄인들을 위해 속죄의 도구가 되도록 그리스도를 내어주신 하느님의 광기와 이 사실을 알면서도 십자가에 달리며 아버지께 기도하는 그리스도의 말씀, "아버지, 당신은 나의 어리석음을 알고 계시나이다."라는 대목을 모리아는 당당하게 인용한다. 이것은 곧 구원은 십자가의 광기와 예수의 어리석음이 전제되어야 한다는 것을 의미하며, 어리석음이 모든 인간에게는 물론, 신앙과 신 안에서조차 존재해야 한다는 사실을 신도 인정하고 있다는 것을 의미한다. 모리아 여신의 주장대로라면, 즉 에라스뮈스의 주장대로라면 《성경》이야말로 우인문학의 본질을 가장 충실히 드러내고 있다는 결론도 가능하다.

웃음 뒤에 가려진 날카로움

우인문학에 대해 한 가지 더 언급해야 할 주제가 있다. 인간에게 부여된 자유와 무한한 가능성을 믿고 지상의 생에서 허용된 즐거움을 누리며 지상 낙원을 꿈꾸던 인문주의자들은 이 디오니소스적인 환희를 속박하지 않고 한껏 분출하였다. 이러한 경향의 작품을 관통하는 주제 가운데 하나가 바로 '웃음'이다. 웃음은 삶의 기쁨을 표현하는 가장 인간적인 본능이자 제스트(익살, 농담)다. 에라스뮈스는 《우신 예찬》에서 "미치광이들 가운데에서 가장 심하게 웃는 자가 가장 미친 자다."라고 말하였듯이 미치광이는 행복한 자다. 그에 따르면 좀 더 미칠수록 좀 더 행복하다. 하지만 인간성과 자연 본위의 삶을 사랑한 인문주의자들은 웃음과 광기가 삶의 환희 그 이상의 것을 의미하게 하기 위해 풍자와 해학이라는 장치를 이용하였다.

우인문학의 주인공들은 실없는 웃음을 웃으며 조롱의 대상이 되지만, "미친 사람은 종종 진실을 말한다."는 그리스 속담처럼 바보 같은 웃음 뒤에 가려진 날카로운 의식은 진지함을 가장하는 관념과 권위, 오만과 독단, 부조리와 부패를 희극화하는 파괴력을 지닌다. 《우신 예찬》에서 지혜의 여신 미네르바의 적수로 등장하는 우신 모리아는 태어날 때 울음 대신 웃음을 터뜨렸다는 어리석음의 여신이지만, 미네르바가 진리를 말하려 머리를 짜내는 동안, 생각나는 것을 가식 없이 토하며 먼저 진실을 말해버리지 않는가. 에라스뮈스는 바보 신 모리아의 거침없는 입을 빌려 인간의 어리석음을 비웃는 어리석은 현자들을 비웃는 동시에, 순수한 어리석음의 필연성을 역설한 것이다. 에라스뮈스는 문체에서도 시시한 이야기를 무거운 주제와 현학적 어휘로 치장하는 것을 경계하면서 '가벼운 문체를 심각하게 다루는 것보다 더 어리석은 것은 없고, 가벼운 것을 가지고 심각한 문제에 도움이 되도록 만드는 것보다 더 재기 넘치는 것은 없다.'고 생각했다. 그는 어리석음과 웃음은 가식적 관념에서 인간을 해방하고 인간을 본연의 모습으로 돌아오게 한다고 믿었기 때문이다.

이렇듯 어리석음과 웃음, 풍자와 해학이라는 도구는 오히려 가면일 뿐, 가면을 걷어내면 이 도구들은 한 시대를 사실적으로 관찰하고 현실을 적나라하게 재현하고 고발하는 매체가 된다. 시간이 흘러도 사라지지 않고 좁은 입지에서나마 지켜 내려온 우인문학은 사실상 이성의 힘을 앞세우며 진리를 논하는 우아한 관념적 문학보다 좀 더 진솔하게 삶에 대한 진정성을 밝힌 진정한 리얼리즘을 표방해왔다고 볼 수 있을 것이다. 어떤 학자는 《우신 예찬》이야말로 삶의 모든 것을 이성적인 질서로 환원하려는 가장 르네상스적인 시도였다고 해석하였다. 에라스뮈스가 의도한 바가 아니라 할지라도 《우신 예찬》을 통해서 가장 비이성적인 것이 가장 이성적인 것으로 인정된 셈이다.

45.

사람들은 "속는다는 것은 불행한 일이야."라고 말할 것이다. 그러나 속지 않는 것이 더 큰 불행이다. 행복을 현실에 두는 것은 매우 잘못된 생각이다. 행복은 사람들이 현실에 대해 갖는 견해에 따라 달라지기 때문이다. 인간사에는 모호하고 다양한 것이 아주 많아서 '철학자들 가운데 가장 겸손한 우리 아카데미 파 학자들' 이 말했듯 어느 것도 명백히 밝힐 수는 없지 않은가. 아니면 누군가가 인간사를 아는 경지에 이른다 해도 그것은 종종 자신의 행복을 희생한 후인 경우가 많다.

이렇게 인간의 영혼은 진실보다는 거짓에 더 잘 혹한다. 다음과 같은 실험을 해보자. 교회에 가서 설교를 들어보라. 만약 설교의 내용이 진지하다면 청중은 하품을 하거나, 졸고, 따분해할 것이다. 그러나 소리 지르는 사람(이런, 설교자라고 말하려 했는데……)이 종종 그러하듯, 착한 여인의 이야기를 시작하면 모두 정신을 번쩍 차리고 들을 것이다. 마찬가지로 성 게오르기우스나 성 크리스토포루스, 성녀 바르바라처럼 약간 우화적이고 시적인 성인이 있다면, 성 베드로나 성 바울로, 심지어 예수에게보다도 더 많은 숭배자들이 몰려들 것이다. 그러나 이런 말을 여기서 해봤자 아무런 소용도 없다.

그런 행복을 얻는 일이 그리 힘들지 않다는 사실이 놀랍지 않은가! 문법 같은 최소한의 지식도 얻으려면 엄청 많은 노력을 해야 하지만 자기 의견은 쉽게 만들 수 있는 것이며, 지식만큼, 아니 그보다 훨씬 더 많이 행복을 얻는 데 기여한다. 다른 사람들은 견딜 수조차 없는 냄새나는 소금에 절인 썩은 생선을 먹는 사람이 그 생선에서 암브로시아 향이 난다고 생각한다면 그것이 그의 쾌락에 어떤 작용을 하겠는가? 반면 철갑상어 요리를 맛보고 구토를 하는 사람은 그 음식에서 어떤 즐거움도 찾을 수 없을 것이다. 무서우리만큼 못생긴 아내지만 그녀의

아카데미 파

플라톤이 세운 철학 학원인 아카데메이아의 학통을 계승한 파. 플라톤 학파라고도 한다.

〈플라톤 학파〉 폼페이 모자이크, 국립고고학박물관(나폴리)

기원전 4세기에 활동한 그리스의 화가. 마케도니아의 궁정 화가로서 알렉산드로스 대왕의 초상화를 그렸다. 〈알렉산드로스 대왕이 캄파스페를 아펠레스에게 주다〉 알렉산드로스 대왕이 아펠레스에게 애첩 캄파스페를 데려와 그녀의 아름다운 모습을 간직하고자 누드화를 그리게 하였다. 그림을 그리는 동안 아펠레스는 캄파스페를 사랑하게 됐는데, 그 사실을 알아차린 알렉산드로스 대왕은 이렇게 말했다. "아름다움을 감상하는 것은 자네가 나보다 낫겠지. 자네에게 그녀를 주겠네." 제롬마르탱 랑글루아, 1819년

●플라톤의 동굴 플라톤의 《국가론》에 나오는 유명한 비유. '동굴의 비유'라고 한다. 철학자의 이성을 통해 보는 이데아의 세계가 참된 진리의 세계이고, 감각을 통해 보는 일반 속인(俗人)의 세계는 동굴 속처럼 어두운 세계라는 뜻. 사람들이 태어날 때부터 지하 동굴에서 몸을 결박당한 채 앞만 보도록 되어 있으며 머리를 돌릴 수도 없다. 이들의 뒤쪽에서는 불이 타오르고 불과 사람들 사이에 담이 세워져 있다. 그리고 담과 불 사이에 한 무리의 사람들이 온갖 인형들을 들고 지나간다. 결박당한 사람들이 보는 것은 불빛에 비친 그림자뿐이다. 그러나 그들은 불의 존재를 모르기 때문에 자신들이 보는 것이 그림자인 줄도 모르고 실재하는 것이라고 생각한다.

남편이 아프로디테 같다고 생각한다면 그의 아내는 완벽한 미인이나 다름없다. 붉은색과 주황색으로 대충 칠해놓은 그림을 가진 사람이 그것을 보고 탄복하며 마치 아펠레스나 제욱시스의 그림이라도 된 듯 여긴다면 비싼 돈을 들여 예술 작품을 구입하고도 그것을 감상하며 즐거워하지 않는 사람보다 훨씬 더 행복하지 않겠는가? 나는 나와 이름이 같은 어떤 사람을 알고 있는데, 말을 잘하는 그는 아내에게 가짜 보석을 선물하면서도 그것이 자연석으로 만든 진품이며, 가격을 매길 수 없을 정도로 아주 희귀한 것이라고 믿게 했다. 그의 젊은 아내는 어떤 마음이었을까? 그녀는 아주 즐거워하며 그 유리 장신구를 늘 쳐다보았으며, 아무것도 아닌 그것을 보석처럼 소중하게 간직했다. 남편은 아내의 환상을 이용해 많은 돈을 쓰지 않고도 마치 화려한 선물을 받은 것처럼 고맙게 생각하는 아내를 보게 된 것이다.

당신들은 플라톤의 동굴●에서 사물의 그림자와 이미지를 보고 더 이상 아무것도 바라지 않고 놀랍도록 즐거워한 사람들과 동굴에서 나

와 있는 그대로의 사물을 본 현자들, 이 두 부류의 차이점을 알겠는가? 만약 루키아노스●의 이야기에 나오는 미킬로가 자신이 부자였던 황금 색 꿈에서 영원히 깨어나지 않았다면, 그는 그 이상 아무것도 원하지 않았을 것이다. 따라서 아무런 차이점도 없는 것이다. 차이점이 있다 면, 그것은 현자보다는 어리석은 자의 상황이 더 낫다는 것이다. 그들 의 행복은 비싼 값을 치르지 않아도 된다. 즉 그들의 행복은 약간의 확 신만 있으면 충분하며, 또한 많은 사람들이 함께 누릴 수 있다.

제욱시스
기원전 5세기경 활동한 그리스의 화
가. 사실적인 화풍으로 유명하다. 그가
그린 포도송이 그림에 새들이 날아들
어 쪼아 먹으려 했다는 일화가 전한다.
〈제욱시스로 분한 자화상〉(부분) 이가
다 빠진 노인(렘브란트)이 죽음 앞에서
웃고 있다. 렘브란트, 1668년

46.

그런데 우리는 사람들과 나누지 않으면 어떠한 행복도 느낄 수 없 다는 것을 잘 안다. 더구나 현자들은 아주 적다. 예를 들어 유구한 역 사를 가진 그리스에도 현자는 일곱 명뿐이다. 그들 중에서도 잘 살펴 보면 장담하건대, 반이나 3분의 2는 진짜 현자가 아닐 것이다.

사람들이 찬양하는 디오니소스의 은혜 가운데 최고는 바로 근심을 잊게 해준다는 것이다. 하지만 그것은 아주 잠깐 동안이다. 알다시피 술에서 깨자마자 모든 것은 재빨리 일상으로 돌아오기 때문이다. 그러 나 당신들이 내게서 얻는 이득은 좀 더 완벽하고 결정적인 것이다. 나 로 인해 당신들의 영혼은 얼마나 오랫동안 도취하는가! 나야말로 별 노력도 요구하지 않으면서 당신들의 영혼을 즐거움과 쾌락과 열정으 로 가득 채워주지 않는가! 다른 신들은 자신들의 은혜를 내려받을 사 람을 선택하지만, 나는 누구에게나 골고루 은혜를 나눠준다. 근심을 몰아내고 희망을 가득 따라 채워지는 저 풍부하고 달콤한 포도주가 모 든 고장에서 생산되는 것은 결코 아니다. 아프로디테의 선물인 아름다 움을 타고나는 사람도 아주 적으며, 헤르메스의 선물인 웅변술을 타고

●**루키아노스** 고대 로마의 웅변가, 풍
자 작가. 웅변가로서는 그리 재능을 나
타낸 것 같지 않으나 풍자적인 평론으
로는 유명했으며, 유럽 풍자문학 발전
에 크게 이바지했다.

●포이보스 그리스 신화에서 다양한 역
할을 하는 아폴론의 별칭. 포이보스는
'밝다', '순수하다' 라는 뜻으로 태양과
도 연결되어 원래 태양신이던 헬리오
스를 대체, 태양신으로 받들어졌다.

●트로이 전쟁 때 트로이 편에 가담한
아폴론 신은 그리스군 진영으로 페스트
균을 묻힌 화살을 쏘았다. 이 화살을 맞
은 자는 살이 썩어문드러져 죽었다. 페
스트는 삽시간에 퍼져 나갔고, 트로이
시민들은 자신들의 성채 위에 서서 그
리스인이 하나 둘 쓰러지는 것을 구경
하기만 해도 되었다.

●베이오비스 후대에 아폴론과 동일시
된 로마의 신. 근본적으로 하계와 관련
되는 신으로, 본래는 늪과 화산을 관장
했다.

나는 사람은 더더욱 없다. 헤라클레스도 많은 사람들에게 부를 선사하
지는 않으며, 호메로스의 제우스 역시 아무에게나 통치권을 허용하지
않는다. 마보르스는 전투에서 종종 중립을 지킨다. 수많은 사람들이
환멸을 느끼며 아폴론의 삼각의자를 떠났다. 크로노스의 아들은 자주
벼락을 던지고, 포이보스●는 이따금 균을 묻힌 화살을 쏘아 페스트를
퍼뜨린다.● 포세이돈은 물에서 사람을 구하기보다는 많은 사람을 익
사시키지 않았는가. 베이오비스,● 플루토스, 아테, 샤티망, 피에브르
등과 같은 신들에 대해서는 이제 이야기하지 말자. 이들은 신이 아니
라 사형 집행자 같은 존재들이 아닌가.

항상 준비된 은혜를 사람들에게 차별 없이 나눠주는 것은 바로 나,
우신밖에 없다.

47.

나는 아무것도 기대하지 않고 화도 내지 않는다. 의식을 행하는 중

아폴론의 삼각의자
아폴론 신전의 여사제가 아폴론의 신탁을 받고 그것을 의뢰인에게 말해줄 때 앉는 다리가 셋 달린 아주 신성한 의자. 삼각의자는 그리스인들이 세계의 중심이라고 생각하는 파르나소스 산 밑 델포이의 아폴론 신전에 원추형 돌, 즉 옴팔로스(세상의 중심, 세상의 배꼽을 상징하는 돌) 옆에 두었다. 헤라클레스가 아폴론의 삼각의자를 빼앗아 달아나고 있다. 기원전 520년경, 루브르 박물관(파리)

에 사소한 절차 하나를 빠뜨렸다 해서 속죄의 제물을 요구하지도 않는다. 설령 사람들이 나만 빼놓고 다른 신들만 초대했다거나, 내게 희생 제물의 냄새를 맡지 못하게 해도 나는 결코 하늘과 땅을 요동치게 하지 않는다. 하지만 다른 신들은 나와 달리 매우 엄격해서 그들을 섬기는 것보다는 차라리 모르는 것이 더 나을 것이며 안전할 것이다. 이런 신들처럼 아주 까다롭고 화를 잘 내는 사람들이 있는데, 마찬가지로 그들을 친구로 삼기보다는 아예 모르는 체하는 편이 더 나을 것이다.

그런데 사람들은 어느 누구도 나, 우신에게 제물을 바치거나 신전을 세우지 않는다. 그건 사실이다. 앞에서도 말했지만, 나도 사람들의 이런 배은망덕에 상당히 놀란다. 그러나 나는 관대하기 때문에 좋은 방향으로 생각하려 한다. 아무래도 개의치 않는다. 사람들이 곳곳에서 나를 숭배하고, 심지어 신학자들까지도 나를 훌륭하다고 생각하는데, 약간의 향불이나 성스러운 밀떡, 염소, 암퇘지가 무슨 소용이란 말인가. 사람의 피까지 바쳐가며 아르테미스를 숭배한다는 이유로 혹여 그녀를 질투라도 해야 하나? 사람들이 마음으로 나를 느끼고, 그들의 풍속 안에 내가 드러나며, 그들의 삶이 내 모습을 따른다면, 그것이야말로 모두 어디에서건 완벽하게 나를 섬기는 것이 아닌가.

이런 숭배 방식은 그리스도교 신자들에게는 흔하지 않은 것이다. 그들은 대부분 대낮에도 성모 마리아 앞에 아무런 소용도 없는 작은 촛불을 바친다. 그러면서도 성모의 미덕, 정숙함, 겸손과 신성한 사물에 대한 사랑을 닮으려 하는 사람은 거의 없다니! 그렇게 닮으려 하는 것이 진정한 숭배이고, 하늘에 계신 분들에게 최고의 즐거움을 드리는 것인데도 말이다. 나는 신전 중에서 가장 아름다운 신전인 우주를 소유하고 마음껏 사용하고 있으니, 이외에 다른 신전을 바랄 이유가 있겠는가? 도처에 내게 충실한 사람들이 있다. 나는 나를 숭배하는 데 아무런 도움도 되지 않는 조각상이나 그림을 요구할 정도로 바보가 아니다. 어리석고 천박한 신자들이나 신 자체보다 그 이미지를 숭배한다. 인간들도 이와 마찬가지로 밀치고 들어온 다른 사람에게 자기 자리를 빼앗기는 경우가 있다. 나는 인간들의 수만큼 조각상을 갖고 있는 셈인데, 어찌됐든 인간들은 나의 살아 있는 이미지이기 때문이다. 그러므로 나는 다른 신들이 이 땅에 자신의 신전과 숭배의 축제를 갖고 있다는 것이 전혀 부럽지 않다. 로도스 섬의 포이보스, 키프로스 섬의 아프로디테, 아르고스의 유노,● 아테네의 아테나, 올림포스 산의 제우스, 타렌툼의 포세이돈, 람프사코스의 프리아포스 같은 신들이 바로

올림포스 산

그리스에는 올림포스라고 이름 붙은 산이 여럿 있지만, 가장 유명한 것이 마케도니아와 그리스의 테살리아 경계에 걸쳐 있는 것이다. 호메로스는 올림포스를 신들의 거처로, 특히 제우스의 집으로 그렸는데, 산 정상에는 폭풍이 불지 않고 구름이 없는 순수한 공기로 가득하다고 묘사했다. 그러나 차츰 신들의 거처는 실제의 올림포스 산과 분리되었고, 올림포스라는 이름은 신들이 사는 '천상의 거주지'를 가리키게 되었다.

〈거인의 방〉 이탈리아 르네상스 후기의 화가 줄리오 로마노가 이탈리아 만토바 변두리에 있는 팔라초 델 테(테 궁전)에 그린 프레스코화의 일부. 바닥에서 천장에 이르기까지 올림포스 산을 공격하다가 신들에게 격퇴당하는 거인들의 모습을 그린 '거인의 방' 모습이다. 천장에는 제우스가 벼락을 치고 있는 모습이 그려져 있다. 1526년, 팔라초 델 테(만토바)

그러하다. 그러나 사람들은 다름 아닌 나, 우신에게 세상에서 제일 귀중한 제물들을 계속해서 봉헌하고 있다.

48.

만약 내가 정확한 사실에 근거하기보다는 추측해서 말하는 듯 보인다면, 인간들의 삶을 함께 살펴보자. 그들이 내게 진 빚은 지위 고하를 막론하고 사람들 모두가 내게 보여주는 존경처럼 분명히 드러날 것이다. 그들의 일상적인 삶의 조건 전부를 다 살펴볼 수는 없다. 그러기엔 너무 시간이 많이 걸릴 테니 말이다. 가장 뚜렷한 특징을 통해 인간들의 삶을 판단해보자. 평민과 천민에 관해서는 더 말할 필요가 있을까? 모두 내게 속해 있다는 사실은 이론의 여지가 없으니 말이다. 그들의 삶에서는 아주 다양한 형태의 광기가 매일 새롭게 생겨난다. 그래서 천 명의 데모크리토스가 있다 해도 그 모습들을 다 조롱하지 못할 정도이며, 더 많은 데모크리토스에게 도움을 청해야 할 지경이다. 당신들은 신들이 불쌍한 인간들에게서 얼마나 많은 재미와 즐거움을 이끌어내는지 믿지 못할 것이다. 신들은 오전 중에 인간들의 불만이나 이의를 접수하고 인간들이 바치는 봉헌물을 기다리며 술과 음식을 삼가고 진중하게 시간을 보낸다. 그러나 곧 넥타르를 배불리 마시고 진지한 일에 몰두할 수 없게 되면 하늘 가장 높은 곳에 올라가 인간들의 행동을 지켜보기 좋도록 몸을 좀 더 숙여 자리를 잡는다. 그들에게 이보다 더 좋은 구경거리는 없다. 저기, 저건 어떤 극장이지? 저런 엄청난 법석 가운데 정말 다양한 미치광이들로 넘쳐나는군!

나 역시 시詩의 신들 사이에 앉아 인간들을 바라보기 좋아한다. 어떤 사람은 사랑하는 여자 때문에 죽어가고 있다. 그의 마음은 그녀의

그리스 신화에 나오는 눈이 백 개 달린
괴물. 여신 유노에게 암소로 변신한 이
오(유노의 여사제)를 감시하라는 임무
를 받았지만, 헤르메스에게 죽임을 당
했다. 유노는 아르고스의 눈들을 공작
의 꼬리에 옮겨놓았다.
〈아르고스의 머리를 받아든 유노〉 자
포코 아미고니, 1730~1732년, 무어
파크(하트퍼드셔)

사랑을 받지 못할수록 더욱 열정으로 요동친다. 또 어떤 사
람은 여자가 아니라 지참금과 결혼을 하기도
한다. 어떤 사람은 자기 아내에게 매음을 시키
고, 또 어떤 사람은 질투에 사로잡혀 자기 아
내를 아르고스처럼 감시한다. 아! 누가 죽기라
도 하면 또 얼마나 많은 광기가 난무하고 수없
이 미친 말(言)들이 오가는지! 거기서 고통을
재현하는 사람들은 돈을 받고 연기하는 배우
들이다! 저기 장모의 무덤 앞에서 울고 있는
사람도 있구나! 어떤 사람은 곧 굶어 죽어도
번 돈을 모두 제 뱃속에 숨겨 놓으려 하고, 또
어떤 사람은 잠만 늘어지게 자고 아무것도 하
지 않는 게 행복이라고 생각한다. 이웃집 일까
지 해주느라 쉬지도 못하면서 개의치 않는 사람도 있다. 어떤 사람은
빚을 잔뜩 져서 자칫 잘못하면 파산인데도 다른 사람의 돈으로 살면
서 부자라 착각한다. 또 어떤 사람은 상속자를 부자로 만들기 위해 애
쓰며 사는 것이 자신의 행복이라 여긴다. 어떤 사람은 하찮은 이익을
위해 어떤 것으로도 보상받을 수 없는 자신의 삶을 걸고 거친 파도와
세찬 바람의 위험에 맞서 바다를 건너고, 또 어떤 사람은 집에서 안전
하게 쉬는 것보다 전쟁에서 한몫 버는 것을 더 낫다고 여긴다. 좀 더
편하게 돈을 벌기 위해 자식 없는 늙은이의 비위를 맞추는 사람도 있
다. 물론 돈 많은 노부인 곁에서 비슷한 짓거리를 하는 사람도 있다.
그러다 사기꾼이 사기를 당하기라도 하면 신들에게는 그야말로 재미
있는 구경거리가 아닐 수 없다.

아주 심하게 미쳐서 비열하기까지 한 부류는 바로 장사꾼들이다.
그들은 서로 앞을 다투어 거짓말을 하고, 배신하며, 훔치고, 사기 치

고, 정직하지 못한 매우 수치스러운 방법으로 아주 천박한 일을 하면서도 손가락에 낀 금반지를 과시하며 존경받기를 원한다. 젊은 수도사들은 장사꾼들을 대중 앞에서 '존자尊者'●라 부르며 찬사를 보내는데, 그들이 부정직하게 번 돈을 얻어 쓸 수 있을까 해서다. 또 다른 곳에는 피타고라스학파 사람들도 보이는데, 이들은 재산을 공유해야 한다고 떠들면서 보는 사람이 없을 때는 자기 수중에 들어온 모든 것을 마치 상속이라도 받은 것인 양 조용히 가로챈다. 부자가 되고 싶다는 열망만으로 부자가 된 줄로 믿는 사람도 있는데, 그들은 즐거운 꿈을 꾸는 것만으로 충분히 행복해한다. 실제로는 굶어 죽어가면서도 집 밖에서는 돈 많은 부자처럼 보인다는 것에 만족하는 사람도 있다. 소유한 재산 전부를 눈 깜짝할 사이에 탕진하는 사람도 있고, 거리낌 없이 쌓아두기만 하는 사람도 있다. 세상의 명예를 얻어내느라 지친 사람도 있

●**존자** 가톨릭에서 성인과 복자 다음의 존칭을 일컫는 말.

고, 거실 불가에 앉아 게으름을 피우는 사람도 있다. 많은 사람들이 끝도 없이 소송을 벌이는데, 싸우기에 여념이 없는 그들의 고집 덕분에 느려 터진 판사와 그와 결탁한 변호사만이 이득을 본다. 새로운 계획에 열정을 바치는 사람이 있는가 하면, 오로지 위대한 일에만 매달리는 사람도 있다. 신의 부름을 받은 것도 아닌데, 집도 아내도 자식들도 다 팽개치고 예루살렘,[•] 로마 혹은 성 야곱의 집을 보러 순례를 떠나는 사람도 있다.

결국 예전에 메니포스가 그랬듯이, 달에서 지구상의 이런 수많은 난리법석을 내려다볼 수 있다면 아마 파리 떼나 각다귀 떼가 서로 싸우고, 밀치고, 올가미를 치고, 훔치고, 놀고, 뛰어다니고, 태어나고, 떨어지고, 죽고 하는 모습을 본다고 생각할 것이다. 또한 곧 죽어서 사라질 운명을 타고난 너무도 작은 미생물들이 얼마나 많은 소동과 비극을 일으키는지 믿을 수 없을 것이다. 종종 전쟁이 일어나거나 전염병이 창궐하여 수천의 사람들이 단번에 사라지기도 하니 말이다.

그러나 대중의 광기와 어리석음을 계속해서 늘어놓는다면, 나 자신이 데모크리토스의 비웃음을 몇 번이고 받을 만큼 최고의 미치광이가 되지 않겠는가? 지금부터는 인간들 중에 겉으로는 지혜로운 척하면서 그들의 말대로 황금가지를 갈망하는 사람들에 대해 이야기를 해볼까 한다.

그 맨 앞에는 문법학자들이 있다. 만약 내가 달콤한 광기로 불행한 직업을 가진 그들의 불운을 달래주지 않는다면, 그들은 아마도 세상에서 가장 비참하고 고통스러우며, 신들에게 가장 시달리는 부류가 될 것이다. 그들은 단지 다섯 번만 저주받은 것이 아니다. 그리스의 풍자시에서 보듯, 그들은 다섯 번의 심각한 위기를 치른 것이 아니라 천 가지 저주에 시달렸다. 학교에서 그들은 늘 굶주리고 추레한 몰골을 하고 있다. 학교라고 말했지만 사실 그곳은 슬픔의 장소, 아니 더 정확히는 노예선이나 고문실이라고 불러야 할 것이다. 그들은 학생들이 떠드는 소리에 귀가 먹을 듯하고, 악취와 불결함에 중독되어 늙어간다. 그런데 나는 그런 그들에게 인간들 중 최고라고 스스로 믿도록 환상을 심어준다. 날카로운 눈초리에 떨고 있는 학생들에게 큰 소리를 질러 아이들을 겁에 질리게 만들고, 회초리나 몽둥이 혹은 채찍을 휘둘러 불쌍한 아이들을 멍들게 하면서 그들은 얼마나 스스로 만족감을 느끼는가! 또 쿠마레의 당나귀●처럼 자제하지 못하고 온갖 분노를 토해내면서 그들은 또 얼마나 만족하는가! 그들이 살고 있는 불결한 거처는 세련된 그들의 취향에서 나온 듯 보이고, 그들에게서

메니포스

기원전 3세기경에 활동한 그리스의 견유학파 철학자. '메니포스 풍자'로 알려진 진지하면서도 익살스러운 문학 장르를 창시했다.

〈메니포스〉 벨라스케스, 1639~1641년, 프라도 미술관(마드리드)

●**쿠마레의 당나귀** 에라스뮈스의 《격언집》에 나오는 당나귀로, 사자의 탈을 쓰고 자신을 과장한다.

안키세스

아프로디테가 한눈에 반해 사랑하게
된 트로이의 왕자. 그들 사이에서 아이
네이아스가 태어났다. 아들의 어머니
가 아프로디테라는 사실을 누설한 죄
로 불구가 되었다.
아프로디테와 안키세스를 조각한 부조

● **디오니시우스** 259년부터 268년까지
재위한 로마의 교황. 교황의 권위와 로
마 가톨릭 교회의 주권을 강화했다.

● **도나투스** 4세기 중엽에 활약한 로마
의 유명한 문법학자.

● 잘 사용하지 않는 문어체 단어로 순
서대로 '목동', '투덜이', '소매치기'
라는 의미다.

나는 악취는 꽃박하 향기처럼 여겨진다. 그들은 불행
한 억압 상태에 처해 있으면서도 마치 왕위에 오른 듯
느끼기 때문에, 자신들의 권력을 팔라스나 디오니시
우스●의 권력과도 바꾸지 않을 것이다. 그런데 그들이
느끼는 최고의 행복은 자신들의 지식에 대한 끊임없
는 자부심에서 나온다. 아이들의 뇌를 순전히 기상천
외한 것들로 가득 채워놓은 그들이 세상에, 스스로 팔
리아몬이나 도나투스●보다 더 우월하다고 생각하다
니! 또 그들이 어떤 술수를 썼는지 몰라도 어리석고 바
보 같은 부모들 역시 그들이 말하는 그대로 그들을 인
정한다. 그들은 또 썩은 양피지에서 안키세스의 어머
니 이름이나 부세카busequa, 보비나토르bovinator, 만티

쿨라토르manticulator ● 같은 거의 사용하지 않는 몇 가지 표현을 찾아낸
다든가, 오래된 돌 조각에 새겨진 구절을 발굴하면서 지고至高의 쾌락
을 맛본다. 오, 제우스여! 얼마나 흥분되는가! 승리여! 찬미여! 그들이
아프리카를 정복하고 바빌론을 점령하기라도 했단 말인가? 그들은 자
신이 지은 냉정하고 어리석고 하찮은 시를 퍼뜨리고 다니며 그 시를
칭송해주는 사람들을 찾아내고는 자신에게 베르길리우스의 영혼이 깃
든 양 좋아한다. 칭송과 찬사를 나누는 사람들 가운데 끼여 축하 인사
를 주고받는 것보다 그들에게 즐거운 일은 없다. 그런데 그들 가운데
한 사람이 실언이라도 하게 되면, 또 좀 더 양식 있는 사람이 그것을
알아차리기라도 하면, 헤라클레스를 두고 맹세하건대, 엄청난 비극이
찾아올지니! 끊임없는 항의와 끔찍한 모욕과 욕설이 난무할지니! 만약
내 말이 과장된 것이라면 모든 문법학자들이여, 나와 한번 겨뤄봄이
어떠한가!

　나는 매우 다양한 분야의 지식을 갖춘 학자를 한 사람 알고 있다.

60세가량의 그는 그리스어, 라틴어, 수학, 의학에 조예가 깊고, 20여 년 전부터 속세를 떠나 오로지 문법을 연구하느라 고생하고 있다. 그는 여덟 개의 품사를 완벽하게 정의해낼 때까지만 살 수 있다면 행복하다고 생각할 것이다. 그러나 지금까지 그리스 사람이든, 라틴 사람이든 어느 누구도 완벽하게 그 일을 해낸 사람은 없었다. 부사副詞의 영역에서 한 개의 접속사라도 빠뜨리면, 그것이 곧 전쟁의 원인이 된다니! 다들 알다시피 세상에는 문법학자들 수만큼, 아니 그 이상의 문법책이 있지 않은가. 내 친구 알투스도 혼자서 다섯 권 이상의 문법책을 펴냈을 정도니 말이다. 문법학자는 우리가 너무 시시하거나 읽기 힘들다고 생각하는 문법책도 그냥 지나치지 않는다. 그는 문법책을 끊임없이 훑어보며 손에서 뗄 줄 모른다. 그는 몇 년 동안 노력해 얻은 자신의 영광과 노고를 잃을까 봐 염려하면서 그 문법 내용에 대해 어리석은 말을 하는 사람, 조금이라도 터무니없는 소리를 하는 사람이 있는지 감시한다. 그의 이런 행동을 어리석다고 혹은 미쳤다고 할지, 아닐지는 당신의 선택에 달렸다. 나는 아무래도 상관없다. 단지 당신들이 내 은혜 덕분에 모든 동물들 가운데 가장 불행한 이 동물이 자신의 운명을 페르시아● 왕의 운명과도 바꾸지 않을 정도로 천복을 누린다고 생각한다는 사실에 동의해주기만 하면 말이다.

베르길리우스
고대 로마의 가장 위대한 시인. 서사시 〈아이네이스〉로 유명한데, 이는 로마의 전설적 창시자 아이네이아스를 주인공으로 하여 세계를 문명화한다는 로마의 사명을 담은 이야기다.
〈아이네이스 내용이 든 두루마리를 들고 있는 베르길리우스〉 오른쪽에는 비극의 무사가, 왼쪽에는 서사시의 무사가 서 있는 로마 시대 모자이크. 2~3세기, 바르도 박물관(튀니스)

●**페르시아** 기원전 559년에 키루스 2세가 현재의 이란 땅에 세운 나라. 다리우스 1세 때 전성기를 누렸으나 마케도니아의 알렉산드로스 대왕에게 정복되었다.

50

시인들도 당연히 내 권한 아래 있지만, 그들은 내게 가장 덜 빚진 자들이다. 속담이 말해주듯 그들은 자유로운 부류로, 아무것도 아닌 이야기나 아주 우스꽝스러운 우화를 가지고 어리석은 자들의 귀를 사로잡으려 끊임없이 열정을 쏟아낸다. 놀라운 사실은, 그들이 그런 시시한 이야기를 가지고 신들의 생명에 비견되는 불멸의 삶을 기대하며 타인에게도 그런 삶을 보장해줄 수 있으리라 믿는다는 것이다. 무엇보다 '자존심'과 '아첨'에게 봉사하는 이 범주의 사람들은 가장 성실하고 지속적으로 나를 칭송하는 자들이다.

웅변가들 역시 내 권한 아래에 있다. 그러나 그들은 간혹 내게 충실하지 못하고, 철학자들과 관계를 맺기도 한다. 그들이 벌이는 바보 같은 짓 중에서 특히 내가 비난하는 것은 그들이 그토록 여러 번 진지하게 농담의 기술에 대해 썼다는 것이다. 《헤렌니우스에게 바친 수사학》*을 쓴 저자는 광기를 해학의 영역에 넣었고, 이 분야에서 최고라 할 수 있는 퀸틸리아누스는 《일리아스》*보다 더 길게 웃음에 관해 한 장章이나 쓰지 않았는가! 광기는 모든 사람에게 큰 가치가 있는 것이어서 사람들은 이 최고의 논법을 사용하면 폭소를 터뜨리게 된다. 그러나 웃음을 터뜨리게 만드는 것은 내 역할이기 때문에, 결국 사람들이 도움을 청하는 것은 바로 나다.

책을 출판하여 영원한 명성을 얻고자 하는 작가들도 이와 같은 부류다. 사람들은 모두 내게 크게 빚지고 있는데, 종이에 별 시답잖은 이야기들을 휘갈겨 쓰는 사람들은 특히 더 그렇다. 자신들의 가벼운 지식을 드러내 소수 학자들의 판단에 기대어 그럴듯하게 말하는 자들, 페르시우스*나 라우리우스에게도 이의를 제기하는 그들은 스스로 부과한 끊임없는 고통으로 인해 행복하다기보다는 훨씬 더 불행해 보인

●**헤렌니우스에게 바친 수사학** 기원전 1세기경에 쓰인 것으로 보이는 수사학 책. 키케로가 저자라고도 하지만, 확실히는 알 수 없다. 책은 총 네 편으로 구성되며, 웅변술과 일반 산문에 관한 고대 로마의 서적 중에서 가장 완벽하고 가장 오래된 작품이다.

●**일리아스** 고대 그리스의 작가 호메로스가 지었다고 하는 그리스 최고最古, 최대의 영웅 서사시. 10년간에 걸친 그리스군의 트로이 공격 중 마지막 해에 일어난 사건들을 노래한 것이다.

●**페르시우스** 고대 로마의 시인. 신이나 영혼의 관념을 비웃고 인간의 예지와 덕을 강조하였다.

다. 그들은 덧붙이고 바꾸고 지우고 버렸다가, 다시 취하고 쓰면서 자신의 작업에 조언을 구하며 9년간 그것을 간직하지만, 결코 만족할 줄을 모른다. 그런데도 몇몇 사람만 받게 되는 보잘것없는 영광을 얻기 위해 그들은 최고의 행복인 잠까지 줄여가며 수많은 땀과 노력을 오로지 작품을 위해서만 쏟아낸다. 결국 건강과 아름다움을 잃고, 안질에 걸려 심지어 실명하기까지 하며, 가난에 쪼들려 허덕이게 된다. 그들을 질투하는 자들도 생겨나고, 모든 즐거움도 빼앗기며, 일찍 늙어버려 어느새 죽음이 찾아오기도 한다. 이외에도 비참한 일이 많이 일어난다. 이렇게 큰 희생을 치르면서도 사람들에게서 이러저러한 찬사라도 듣게 되면 그들은 희생의 대가가 그렇게 지나친 것은 아니라고 생각한다.

이렇게 내 권한 아래 있는 작가들은 황홀감을 느끼며 끊임없이 머릿속에 떠오르는 몽상을 펜으로 적어 내려가며 종이만 낭비한다. 그들은 자신이 쓴 글이 하찮을수록 더 많은 칭송을 받고, 어리석고 무식한 자들이 만장일치로 보내는 박수를 받을 것임을 잘 알고 있다. 그것을 읽은 몇몇 위대한 학자들이 그들을 무시한다 한들, 무슨 상관 있겠는가? 그런 소수의 의견이 다수의 반대자들 앞에서 무슨 힘을 갖겠는가?

타인의 작품을 자신의 것으로 만드는 사람들은 더욱 교활한 자들이다. 이들은 위대한 업적을 이룬 결과로 누군가에게 돌아갈 영광을 중간에서 가로채는 것인데, 하지만 표절했다는 비난을 받더라도 한동안은 이득을 얻을 수 있으리라 생각한다.

"저기, 그 유명한 사람이 있어!" 하고 사람들이 손가락으로 가리키며 칭송할 때 으쓱대는 작가들을 보라! 서점에도 그들의 책은 좋은 위치에 진열되는데, 그 책들 제목 옆에는 저자를 칭하는 참으로 기이하고도 신비스러운 명칭●이 세 개나 나열된다. 이 단어들은 무엇을 뜻하

● 저자를 포장하고 지칭하는 광고성 이름을 말한다.

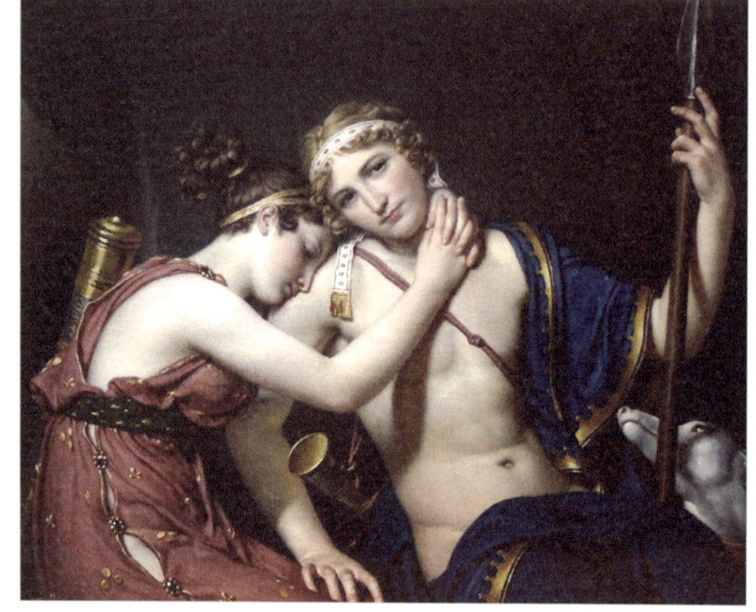

는 것일까? 불멸의 신들이여! 이 광대한 우주에서 누가 그 의미를 이해할 수 있겠는가? 더구나 그것을 인정하는 사람도 거의 없지 않은가! 아무리 무식한 사람도 선호하는 것은 있게 마련이니! 이 단어들은 실제로 만들어낸 것이거나 고대의 책 제목에서 따온 것이다. 어떤 사람들은 텔레마코스라 불리길 원하고, 다른 사람들은 스텔레누스나 라에르테스● 혹은 폴리크라테스,● 트라시마코스●라 불리길 원한다. 또 그들은 자신의 책에 '카멜레온'이나 '호박'이라는 제목을 달 수도 있고, 철학자들처럼 '알파'나 '베타' 같은 단어를 쓸 수도 있다.

그중 최고는 자기들끼리 편지나 시를 써서 교환하여 서로 칭송을 해대는 것이다. 그것은 곧 미치광이가 미치광이에게 영광을 돌리고, 무식한 자가 무식한 자를 예찬하는 것이나 다름없다. 한 사람이 다른 사람을 알카이오스 같다고 하면, 다른 사람은 상대를 칼리마코스● 같은 학자라고 추켜세운다. 누군가 당신에게 키케로보다 뛰어난 사람이

라고 말하면, 당신은 상대에게 플라톤보다
더 위대한 학자라고 말한다. 간혹 자신의 명성
을 더 높이고자 적당한 맞수를 찾아 부러 언쟁을
벌이기도 한다. '대중은 상반된 두 파로 갈라
지고', 대립한 두 무리의 우두머리들은 멋지게 싸
우고는, 둘 다 승자가 되어 자신들의 승리를 축하한
다. 현자들은 당연히 이 극단적인 미친 짓을 비웃는다.
나 역시 이것이 미친 짓임을 부정하지 않는다. 하지만
나는 이런 미친 짓을 하는 과정에서 자신의 승리를 스
키피오● 가족의 승리와도 바꾸지 않을 행복한 사람들을
만들어낸 것이다.

그러나 현자들은 여전히 작가들의 과대망상증을 비웃
고 광기를 즐기면서 쾌락을 얻는다. 현자들 역시 내게 빚
진 자들이며, 이 사실을 부정할 수는 없을 것이다. 그렇지
않으면 인간들 가운데 그들이 가장 배은망덕한 자들이 될
테니 말이다.

51.

현자들 가운데 가장 첫 줄에는 법률학자들이 서게 될 것이다. 어느
누구도 이들보다 더 거만하지는 않다. 그들은 문제 해결에 아무 도움
도 되지 않는 법률들을 시시포스가 바위를 밀어 올리듯 열심히 쌓아올
린다. 주석 위에 주석을, 견해 위에 견해를 첩첩이 쌓으며 그들은 자신
들의 학문이 가장 힘든 것이라는 인상을 준다. 그들은 자신들이 애써
힘을 들인 모든 것이 가치가 있다고 생각한다.

● 스키피오 스키피오(대아프리카누스) :
고대 로마의 장군이자 정치가. 제2차
포에니 전쟁에서 한니발을 물리쳤다.
스키피오(소아프리카누스) : 고대 로마의
장군이자 정치가. 카르타고를 쳐서 제3
차 포에니 전쟁을 종결시켰다.

시시포스

그리스 신화에 나오는 코린트의 왕. 제우스를 속인 대가로 지옥에 떨어져 바위를 밀어 올리면 다시 굴러 떨어지고 다시 올리면 또다시
굴러 떨어지는 형벌을 받았다.

〈시시포스〉 티치아노, 1548~1549년, 프라도 미술관(마드리드)

 여기에 변증법론자와 궤변론자들을 덧붙여보자. 이들은 도도나의 웅장한 징소리보다 더 소란스러운 부류들로, 이들 중 가장 학자답지 못한 이라 해도 선택된 여자들 스무 명의 수다를 충분히 제압할 정도다. 그들에겐 여자들의 수다쯤이야 별것도 아니다. 또한 그들은 염소의 털만큼이나 사소한 일에 칼을 뽑아들고 악착스럽게 쫓아올 정도로 싸움을 좋아하기 때문에 논쟁을 벌이다 보면 어느새 진실이 무엇이었는지 잊고 만다. 무엇에 관해서든 공격을 받으면 그들은 삼단논법으로 충분히 무장하고 대응할 것이며, 이것에 자부심을 느끼며 스스로 행복해한다. 그들은 또 스텐토르*와 맞서 싸운다 해도 굽힐 줄 모르는 고집으로 끝까지 저항할 것이다.

●**스텐토르** 트로이 전쟁에서 적진 트로이 진영에 파견된 그리스의 군사.

52.

이제 철학자들에 대해서 말해보자. 수염과 외투 덕분에 존경스러워 보이는 철학자들은 다른 사람들을 모두 우유부단한 허깨비라 여기고 자신들만이 현자라고 자처한다. 그들이 셀 수 없을 만큼 많은 세계를 만들고 손가락과 실로 하늘과 달, 별, 천체들의 크기를 재면서 벼락, 바람, 일식 등 설명하기 힘든 것들을 막힘없이 설명해 보일 때 얼마나 짜릿한 흥분을 느꼈겠는가! 그들은 마치 자신들이 신들의 회의에서 대행자로 뽑히기라도 한 양 세계를 건설한 대자연과 절친한 친구라도 된 듯 행세하지 않는가! 그렇지만 자연은 그들과 그들의 추측을 비웃는다. 왜냐하면 어느 것 하나 확실한 근거를 바탕으로 해서 이뤄진 것이 아니기 때문이다. 그들이 끊임없이 논쟁을 하는 것이 바로 그렇다는 증거다. 그들은 아무것도 모르면서 별것 아닌 것에 대해서도 모두 아는 것처럼 주장한다. 자신들에 대해서도 잘 알지 못하는 그들은 눈이 피곤해서인지, 아니면 정신을 다른 데 팔아서인지, 길가의 도랑과 돌멩이도 구별하지 못한다. 그러면서도 보편적 개념들, (범주에 따라 분류된) 형상들, 제1의 원소들, 본질, 개성個性 원리* 등 린케우스라도 이해하기 어려운 모든 사물에 대해 잘 알고 있다고 주장한다. 그들은 매번 삼각형, 정사각형, 원 같은 기하학 도형들을 마치 미로처럼 섞어 혼란스럽게 만들고, 알파벳을 아무렇게나 늘어놓으며, 무식한 사람들에게 눈을 멀게 만드는 가루를 뿌린다! 어떤 사람들은 별을 보고 미래를 점치며 마술을 넘어서는 기적을 약속하기도 한다. 그런데 그들의 이런 말을 믿는 사람들이 있으니, 그들은 참으로 운이 좋다.

●**개성 원리** 스콜라 철학의 한 개념. '이것임Thisness'이라는 뜻으로, 예를 들어 영희는 '영희다움'이라는 개성 원리에 의해 하나의 개체로 존재한다는 것이다.

별을 보고 미래를 점치며…

인간 신체 각 부분은 별자리(황도 12궁)와 관계있으며, 이것으로 인간의 길흉화복을 점칠 수 있다고 믿은 옛사람들의 생각을 보여주는 15세기의 책 속 이미지.

53.

신학자들에 관해서는 아무 말도 하지 않는 것이 분명 나을 것이다. 고약한 암고란岩高蘭●은 휘젓거나 손대지 않는 것이 낫기 때문이다. 그들은 놀라울 만큼 거만하고 지나치게 예민해서 일제히 수많은 항의를 해대며 나에게 반박할 것이고, 만약 내가 한 말을 취소하지 않으면 곧바로 나를 이단자로 고발할 것이다. 그들은 마음에 들지 않는 사람에게는 곧바로 치명적인 불이익을 주어서 두려움에 떨게 만든다. 내가 그렇게 많은 은혜를 베풀었음에도 그들만큼 고마운 줄 모르는 이들은 본 적이 없다. 자존심 혹은 자기애 덕에 그들은 그처럼 높고 매혹적인 제3천에 앉아서 땅 위를 기어 다니는 다른 인간들을 내려다보며 불쌍히 여긴다. 나는 마법과도 같은 정의定義와 결론, 필연적이거나 명백한 혹은 함축적인 명제 등으로 무장한 군대로 그들을 둘러싼다. 하지만 그들은 빠져나갈 우회로를 무수히 가지고 있기 때문에 테네도스의 도끼●보다도 더 쉽게 매듭들을 전부 끊을 수 있는 분별력을 발휘해 헤파이스토스의 그물을 벗어날 수 있다. 그들의 문체는 신조어와 기상천외한 용어로 가득하다. 그들은 나름의 방식으로 신비한 이야기들을 설명한다. 예를 들어 어떻게 세계가 창조되고 분배되었는지, 어떤 경로로 원죄의 오점이 아담의 후손에게 퍼졌는지, 어떤 방법과 과정으로 그리고 어느 순간에 그리스도가 성모 마리아에게 잉태되었는지, 가톨릭 성사聖事●에서는 어떻게 물질계 없이 우연성이 존재할 수 있는지 같은 이야기들 말이다.

자칭 신의 계시를 받았다고 하는 위대한 신학자들은 오늘날 이런 이야기들보다는 좀 더 흥미를 끄는 다른 문제들을 좋아하며, 그것들이 자신들에게 더 잘 맞는다고 여긴다. 예를 들어 신의 탄생에 명확한 순간이 있었을까? 예수 그리스도는 여러 개의 혈통을 받지 않았을까? 아버지 하느님이 자신의 아들을 미워한다는 명제에 근거를 댈 수 있을까? 하느님은 여성이나 악마의 모습 혹은 당나귀, 호박, 아니면 조약돌의 형상으로 오실 수는 없었을까? 호박이 설교를 하고, 기적을 행하며, 십자가에 못 박힐 수 있었을까? 그리스도의 육신이 십자가에 달려 있는 동안 성 베드로가 미사를 드렸다면 그는 무엇을 바쳤을까? 그 순간 그리스도는 인간이라고 말할 수 있을까? 사람들은 죽음 후 부활하면 먹고 마실 수 있을까? 이렇듯 신학자들은 우리가 보는 대로 배고픔과 갈증에 미리 대비하는 것이다.

그들은 수많은 어리석은 말들, 예를 들어 순간, 개념, 관계, 형식, 본

성 베드로

그리스도의 열두 제자 가운데 수제자. 예수 승천 후 교회의 기초를 다지고 복음을 전파하였다. 네로 황제의 박해로 로마에서 순교하였다고 한다. 최초의 교황으로 일컫는다.
〈교황 베드로〉 루벤스

● **테네도스의 도끼** 정의의 도끼.

● **가톨릭 성사** 가톨릭에서 신자들에게 하느님의 특별한 은총을 베풀어주는 종교 의식. 성세성사, 견진성사, 성체성사, 고백성사, 병자성사, 신품성사, 혼인성사의 일곱 가지 성사가 있다.

토마스 아퀴나스
중세 유럽의 스콜라 철학을 대표하는 이탈리아 신학자. 신 중심의 입장을 유지하면서도 인간의 상대적 자율을 확립하였다. 그의 철학은 아리스토텔레스를 떠나서는 논할 수 없는데, 그는 전 생애를 아리스토텔레스 연구에 몰두하였다.
〈성 토마스 아퀴나스〉 고촐리, 1468~1484년, 루브르 박물관(파리)

● **실재론** 인식의 대상이 사람의 의식이나 주관에서 독립하여 존재하는 것으로 보고, 이들을 객관적으로 파악하는 것이 참다운 인식이라고 하는 이론이다.

● **유명론** 보편은 개체에서 추상하여 얻은 공통의 이름일 따름이고, 실재성이 없다는 이론. 절대적 지식과 진리의 개념을 경험적 성공 개념이나 편의 개념으로 대체하는 이론이다.

● **토마스 파** 토마스 아퀴나스 사후에 직접적인 그의 추종자들과, 그의 사상과 신학 체계를 따르는 토마스주의자들을 말한다. 프란체스코회 학파나 예수회 학파와 대립되는 것으로, 본질 형상形相의 단일성, 개별화 원리, 영원한 세계 창조의 가능성, 의지意志에 대한 지성의 우위, 피조물에서의 본질과 존재의 실재적 구별을 특징으로 한다.

● **알베르투스** 독일의 스콜라 철학자, 신학자. 신학과 철학 사이에 명백한 경계선을 그으려고 노력하였다.

● **오컴** 영국의 스콜라 철학자. 이단 혐의를 받았고, 그의 몇 가지 명제는 유죄 선고를 받아 교황과 알력이 있었다. 그의 철학 입장은 유명론이었으며, 논리학과 인식론에 뛰어났다.

질, 개성 원리, 또 오직 린케우스의 눈만이 알아볼 수 있는 갖가지 상상에 관련된 말들을 세련되게 만들어낸다. 이런 것들은 앞에서 언급한 것보다 더 미묘한 문제들인데도 말이다. 사실 린케우스라고 해도 암중모색을 하듯 지독한 어둠 속을 지나며 존재하지 않는 것들을 구별해내기에는 힘이 들 것이다. 게다가 여기에 대단히 역설적인 문구가 하나 덧붙는다고 생각해보자. 이 문구는 너무나 역설적이어서, 이미 역설적이라고 정평이 난 스토아 학자들의 문구들조차 평범해 보일 정도다.

　신학자들은 이렇게 말한다. "사람들 천 명을 죽인 죄가 주일에 가난한 자의 신발을 꿰매준 죄보다 덜하다. 아무리 작고 가벼운 것이라

해도 거짓말을 하는 것보다는 우주 전체가 소멸하도
록 놔두는 편이 차라리 낫다." 수많은 스콜라 학자들
이 당신들을 인도하는 길은 이렇듯 늘 미묘하고 알
아채기 힘든 말로 가득 차 있다. 어떤 미로라고 해도
실재론,˙ 유명론唯名論,˙ 토마스 파,˙ 알베르투스˙
파, 오컴˙ 파, 스코투스 파˙ 등 무수한 학파들(그중 중
요한 학파들만 지명한 것이다)의 구불구불한 우회로보다
는 덜 복잡할 것이다. 이 모든 학파들의 풍부한 학식
은 너무도 복잡하여 새로운 신학자들과 그러한 문제
들을 논쟁하려면 사도들조차 또 다른 성령을 받아야
할지도 모른다.

　　신학자들이 인정하듯 사도 바울로˙는 믿음을 가진
사람이었다. 그러나 그는 믿음에 대해 아주 자신 있
게 정의 내리지는 못했다. 그는 이렇게 말했다. "믿음
은 우리가 바라는 것들을 보증해주고 볼 수 없는 것들을 확증해줍니
다."(《히브리인들에게 보낸 편지》 11장 1절) 그는 철저히 자비를 실천했으나, 〈고린토
인들에게 보낸 첫째 편지〉 13장을 보면 자비를 변증법에 따라 구분하
거나 정의하지는 않았다. 사도들은 확실히 경건한 마음으로 성체를 신
성시하였다. 그러나 그들은 화체에 관하여, '어디에서aquo'와 '어디로ad
quem'에 관하여 뭐라고 하였을까? 또 동일한 육체가 여러 장소에 나누
어 존재할 수 있다는 것에 관하여, 그리스도의 육신이 하늘에 있을 때
와 십자가에 못 박혔을 때 그리고 성체 안에 존재할 때 각각 어떤 차이
점이 있는지, 화체가 일어나는 순간과 이때 나타나는 효력을 낳는 말씀
에 관하여 어떻게 대답하였을까? 의심할 것도 없이, 사도들은 스코투
스 파 학자들보다 더 능숙하게 논증하거나 정의 내리지는 못했을 것이
다. 사도들은 성모 마리아를 알고 있었지만, 신학자들이 철학적으로 밝

가톨릭 성찬에서 포도주와 빵이 그리
스도의 피와 살이 된다고 하는 현상.
가톨릭 신자들은 이 현상을 믿는다.
〈성찬〉 후안 드 주앙, 16세기, 에스테
르하지 미술관(부다페스트)

●스코투스 파 스콜라 철학의 한 파. 사
물의 전체성을 직관으로 파악하며, 따
라서 이성에 대한 의지의 우위를 주장
한다. 또 모든 것은 신의 자유이자 한없
는 사랑의 발로이며, 신이 바라는 것은
모두가 선이라고 주장한다.

●사도 바울로 그리스도교 최초의 전도
자. 원래 유대교도였는데 그리스도교를
박해하러 가던 중 예수의 음성을 듣고 개
종하여 평생 동안 선교에 힘쓰며 각지에
교회를 세웠다. 로마에서 순교하였다.

● **열쇠** 신앙 고백을 한 베드로에게 그
리스도가 건네준 하늘나라의 열쇠.

혀냈듯 성모가 아담의 원죄에서 면제되어 있음을 증명한 사람이 있었
는가? 성 베드로는 열쇠●를 받았지만, 그것은 자격이 없는 자에게는 건
네지 않았을 '그분' 에게서 받은 것이다. 그러나 학식이 없는 사람도 지
식의 열쇠를 가질 수 있다는 이 미묘한 사실을 그가 이해했는지는 모르
겠다. 사도들은 가는 곳곳마다 사람들에게 세례를 주었다. 그러나 그들
은 세례라는 형식의 의미에 관하여, 세례의 실질적인 이유에 관하여,
세례의 작용과 목적이 무엇인지에 관하여는 가르친 적이 없었다. 그들
은 세례가 갖고 있는 소멸성과 불멸성에 관해서도 전혀 언급하지 않았

다. 그들은 확실히 하느님을 믿었지만, "하느님은 영적인 분이시다. 그러므로 예배하는 사람들은 영적으로 참되게 하느님께 예배드려야 한다."(《요한의 복음서》 4장 24절)는 《성경》의 말씀을 따른 것에 그쳤다. 물론 그들이 단순히 숯으로 초라하게 그려져 벽에 걸린 예수의 그림이나 긴 머리에 두 손가락을 들고 후광에 세 줄기 빛이 비추이는 예수의 그림에서 그리스도가 숭배 받아야 하는 존재라는 계시를 받은 것은 아닐 것이다. 아무튼 앞의 질문들에 답하려면 아리스토텔레스와 스코투스의 물리학과 형이상학을 적어도 3년에서 6년은 공부해야 하지 않을까?

사도들은 은총이 무엇인지 말했지만 무상으로 주어지는 은총과 보상으로 주어지는 은총을 전혀 구분하지 않았다. 또 선행을 장려했지만 스스로 행하는 선행과 본인의 의지와 무관한 선행에 차이를 두지 않았다. 자비를 가르쳤지만 선천적인 자비와 후천적인 자비를 구분하지 않았으며, 그것이 우연한 자비인지, 본질적인 자비인지, 그리고 자비란 만들어진 것인지, 아니면 원래부터 존재하는 것인지 설명하지 않았다. 또한 그들은 죄를 혐오했지만 우리가 죄라고 부르는 것에 대해 과학적인 정의를 내릴 줄 알았을까? 만약 그렇다면 나를 죽여도 좋다! 그들은 스코투스 파 학자들에게 배우지 않았다. 사도 바울로를 통해 그의 지식 정도를 가늠할 수 있는데, 만약 그가 궤변 전문가였다면, 그가 평소 그토록 자주 금하던 질문과 논의, 계보, 용어를 가지고 따지는 언쟁을 비난하였다는 사실을 어떻게 믿을 수 있겠는가? 당시의 논쟁은 크리시푸스보다 더 치밀한 오늘날 학자들이 벌이는 논쟁과 비교해보면 아주 보잘것없고 서투른 것이었다.

그럼에도 이들 신학 박사들은 사도들이 쓴 불완전하고 비현학적인 글을 비난하지 않을 정도로 상당히 겸손하다. 그들은 고대와 사도라는 말을 둘 다 칭송하기 때문이다. 사실 주님인 그리스도가 사도들에게 한 마디도 하지 않은 위대한 가르침을 사도들에게 기대한다는 것이 정당

크리시푸스
그리스의 철학자.

하지는 않을 것이다. 그러나 만약 이와 유사한 부족함이 크리소스토모스*나 바실리우스* 혹은 히에로니무스 같은 학자들의 책에서 드러난다면, 단박에 해당 구절에 '인정할 수 없음'이라고 써넣어야 할 것이다. 이 영적 지도자들이 천성적으로 매우 고집스럽고 엄격한 이교도 철학자들의 주장을 논박할 수 있었던 것은 오로지 자신들의 삶과 그들이 이룬 기적들 때문이었다. 사실 이교도 철학자들은 스코투스의 간단한 쿠오들리베툼*조차 이해할 수 없었다. 그러나 오늘날엔 그렇게 지나치리만큼 면밀히 따지고 드는데 어느 이단자가, 어떤 이교도가 속히 무기를 내려놓지 않을 수 있겠는가? 신학자들의 말을 이해하지 못할 정도로 둔한 사람들도 상당히 있고, 그들에게 야유를 보낼 만큼 무례한 사람들도 있으며, 계속해서 싸울 정도로 유능한 변증법론자들도 있다. 그렇다면 그것은 마치 마법의 양날 검을 가지고 싸우는 마법사 대 마법사의 싸움이 될 것이다. 결국 이 싸움은 끝을 맺지 못하고 끊임없이 되돌아가는 페넬로페의 작업*처럼 되고 말 것이다.

만약 그리스도교 신자들이 내 말을 듣는다면, 오랫동안 이겨보지 못한 아둔한 군대 대신 터키인과 사라센인에 대항하여 매우 시끌벅적한 스코투스 파와 고집불통인 오컴 파, 무적의 알베르투스 파, 궤변론자 무리로 구성된 군대를 파견하리라. 그러면 가장 흥미진진한 전투와 지금껏 겪어보지 못한 승리를 볼 수 있을 것이다. 아무리 감각이 둔한 사람이라 해도 그들과의 접촉에 자극받지 않을 수 있겠는가? 자신들의 무지한 상태에서 벗어날 만큼 충분히 약삭빠른 자가 과연 있을까?

지금껏 내가 한 말이 모두 농담이라고 생각하는가? 그렇게 생각하는 것도 당연하다. 올바른 학문적 소양을 갖춘 교양 있는 신학자들조차 신학의 그런 교묘한 말투에 구역질을 하고 이를 허튼 소리라고 받아들일 정도니 말이다. 그들 중에는 설명보다는 경배해야 하는 문제들을 혐오스럽고 불경한 것으로 여겨 지극히 신성을 모독하고, 신성한 것을 무례하게 취급하며, 이교도들만큼이나 세속적인 궤변으로 이의를 제기하고, 너무나 공허한 말과 비열한 생각으로 신성한 신학의 위엄을 훼손하는 자들도 있다. 그럼에도 신학자들은 이런 우스꽝스러운 짓거리에 마음을 빼앗겨 밤낮으로 쾌락에 빠져 즐기고 스스로 만족하여 복음서나 사도 바울로의 서한을 훑어볼 시간조차 없다. 대학에서는 한가하게 농담을 즐기면서도, 모든 교회는 자신들의 삼단논법을 기반으로 하고 있어서 그들의 논법 없이는 교회가 붕괴할 것이라고 여긴다. 이는 마치 시인들이 아틀라스●가 어깨로 하늘을 떠받치고 있다고 말하는 것과 같다.

그러니 이제 그들이 얼마나 행복한지 짐작하겠는가! 그들은 신성한 《성경》을 제 마음대로 밀랍 반죽하듯 주물러 댄다. 그들은 몇몇 스콜라 철학자들이 인정한 자신들의 결론이 마치 솔로몬 왕의 법률보다, 심지어 교황의 법령보다 더 우월한 것인 양 내놓는다. 그들은 세상의 검열관을 자처하여 명백한 것이든 함축적인 것이든 자신들이 내린 결론에 정확히 들어맞지 않는 것들은 죄다 철회하라고 요구한다. 결국 그들은 이렇게 신탁을 내린다. "이 주장은 너무 터무니없군. 이 주장은 불경스러워. 이것은 이단의 냄새가 나고. 저것은 듣기에 좋지 않아." 그리하여 세례도, 복음서도, 사도 바울로나 성 베드로도, 성 히에로니무스나 성 아우구스티누스도, 심지어 최고의 아리스토텔레스 파 철학자인 성 토마스마저도 자신들의 가르침에 교회법 연구자들인 이 위대한 심판관들의 권위가 더해지지 않으면 단 한 명의 그리스도교 신자도 만들어낼 수 없을 것이다. 만약 어떤 사람이 '요강 단지야, 네게서 악취가 난다.'와 '요강 단지는 악취를 풍긴다.'라는 두 문장의 의미가 서로 모호하다고 말하면 그는 그리스도교 신자가 아니라는 사실을 믿을 것인가? '냄비로 끓이다'와 '냄비에 끓이다'의 경우도 마찬가지다. 학자들이 두 문장은 같다고 해줘야 비로소 그것들은 같은

성 아우구스티누스
초대 그리스도 교회가 배출한 최고의 철학자. 교부철학을 완성한 사상가로, 중세의 새로운 사상 탄생에 영향을 주었다. 저서에 《고백록》, 《삼위일체론》 등이 있다.
〈성 아우구스티누스와 성 히에로니무스〉 브레나, 성 제롤라모(히에로니무스) 성당(젱가, 이탈리아)

●**아틀라스** 그리스 신화에 나오는 거인 신. 티탄족에 속한다. 티탄족이 제우스와의 싸움에서 지자 천계를 어지럽혔다는 죄로 아틀라스가 두 어깨에 하늘을 떠받치는 벌을 받게 되었다. 메두사의 목을 베어 돌아가던 페르세우스가 아틀라스에게 메두사의 머리를 보여주자 아틀라스는 돌로 변해 고통을 느끼지 못하게 되었다. 이것이 현재의 아틀라스 산맥이라고 한다.

의미가 된다. 만약 그들이 커다란 대학 직인을 찍어 그것들을 인정해주지 않았다면, 그들조차도 알 수 없는 그 많은 오류들을 누가 바로잡아 교회를 정화할 수 있었겠는가! 그들은 이런 일을 하면서, 그리고 마치 지옥에서 몇 년쯤 지낸 듯 지옥에 대한 모든 것을 세밀하게 묘사하면서 얼마나 행복해할까! 또 제 마음대로 새로운 영역을 만들어내고, 여기에 행복한 영혼들이 산책하고 연회를 즐기며 폼 경기●를 할 수 있도록 가장 넓고 아름다운 영역을 추가하면서 얼마나 행복해할까! 그들의 머리는 그런 바보짓들과 수천 가지 다른 문제로 가득 찼을 것이다. 팔라스를 낳기 위해 헤파이스토스의 도끼에 도움을 청했을 때의 제우스의 머릿속도 이 정도로 가득 차지는 않았을 것이다. 대낮에 모자를 눌러 쓰고 대중과 토론을 벌이는 그들을 본다 해도 놀라지 마라. 그렇게 하지 않으면 그들의 머리는 폭발해버릴지도 모른다.

나는 그들이 자신들의 우월한 신학적 입장을 어떤 방식으로 보여주고자 하는지 알아챌 때 종종 혼자 웃게 된다. 그들은 가장 야만스럽고 저속한 말을 쓰고 말더듬이들만 겨우 이해할 수 있을 정도로 말을 더듬는다. 대중이 자신들의 말을 이해하지 못할 때면 자기 자신이 너무 심오해서라고 생각하며, 자신들의 문체를 문법에 따르도록 하는 것이 《성경》에 어울리지 않는 태도라고까지 여긴다. 부정확하게 말하는 것이 묘하게도 신학자들에게는 유일한 특권인 것이다. 그들이 이 특권을 대중과 나누지 않는다면 말이다. 그들은 사람들이 존경심을 나타내며 '마기스테르 노스테르magister noster(우리 현자님)'라고 부를 때마다 자신들이 신들 옆에 자리한 듯 여긴다. 그들의 견해에 따르면, '우리 현자님'이라는 말은 히브리어의 신 야훼●를 지칭하는 신성한 말이다. 그들은 이 말을 대문자로 Magister noster로만 표기하게 하였으며, 만약 누군가가 '노스테르 마기스테르noster Magister'라고 뒤바꿔 말한다면, 그것은 명백히 신학이라는 이름의 위엄을 침해하는 것이나 다름없을 것이다.

●**폼 경기** 테니스의 전신.

●**야훼** 유대교와 그리스도교 사람들이 믿는 하느님의 이름. 거룩한 네 글자 YHWH로 표기한다.

54.

　신학자들의 행복 뒤에는 수도사 혹은 고행자라 불리는 자들의 행복이 이어진다. 그러나 이런 명칭은 잘못되었다. 왜냐하면 이들 대부분은 종교와 거리가 멀며, 이른바 은자隱者라고 하는 고행자만큼 세상 곳곳을 떠도는 이들은 없기 때문이다. 만약 내가 그들을 구해주지 않는다면, 그들은 아마 인간들 가운데 가장 불행한 사람들일 것이다. 우연히 그들과 스쳐 지나가는 것만으로도 불길하다고 할 정도로 사람들은 그들을 혐오스러워하지만, 정작 그들은 자신들이 놀라운 사고思考의 소유자라고 여긴다. 그들은, 가장 숭고한 신앙심은 아무것도 모르고 읽을 줄도 모르는 상태라고 주장한다. 그들은 이해하지도 못하면서 번호가 매겨진 〈시편〉을 노래하듯 읽고, 교회에서 당나귀처럼 울부짖는다. 그렇게 함으로써 천사들의 귀를 즐겁게 해준다고 믿는다. 그들은 빵을 구걸하기 위해 문가에 서서 큰 소리를 지르고, 여관이나 마차, 배 등 여기저기 마구 들어가 다른 거지들에게 큰 피해를 주기도 한다. 자신들의 더럽고 무식하고 저속하고 경솔한 점이 사도들을 떠올리게 한다고 주장하다니, 이토록 애처로울 수가!

　더 재미있는 것은 그들의 모든 행동이 어떤 규칙에 따른 것이라는 점이다. 그들은 수학처럼 엄격한 그 규칙에서 벗어나면 마치 커다란 죄를 지었다고 생각한다. 신발 끈은 몇 개여야 하고, 허리띠는 어떤 색이어야 하며, 어떤 얼룩무늬가 있는 옷이어야 하고, 허리띠는 어떤 천으로 만들고 그 폭은 얼마여야 하는지, 두건은 어떤 형식으로 둘러야 하며 그 크기는 얼마나 되어야 하는지, 원형 삭발의 너비는 얼마나 되어야 하고, 잠은 몇 시간을 자야 하는지 등등에 관한 소소한 규칙들이라니! 육체적, 정신적으로 그리도 천차만별 다양한 사람들에게 이렇게 일괄된 규칙을 적용한다는 것이 얼마나 불평등한 일인지 그 누가 모르

원형 삭발
머리 한가운데를 둥글게 깎은 성직자의 머리 모양.
〈아시시의 성 프란체스코〉 투라, 1475년경, 워싱턴 국립미술관

겠는가. 그럼에도 그들은 이러한 바보짓을 대단히 자랑스러워하며, 세상 사람들을 비웃고, 또 자신들 무리에서조차 서로를 비웃는다. 사도들의 자비를 가르치는 사람들이 조금 달라붙는 옷을 입었다거나 옷 색깔이 어둡다는 이유로 큰 소리를 내지른다. 규율에 너무 엄격하게 얽매여서 어떤 이들은 실리시아●의 양털로 만든 수도사복과 밀레투스●의 삼베로 만든 셔츠를 입고, 다른 이들은 양털 옷을 안에 입고 겉에는 베로 만든 상의를 걸치기도 한다. 그 가운데는 돈을 만질 때는 독이라도 묻어 있는 듯 두려워하지만, 술과 여자는 전혀 두려워하지 않는 사람도 있다. 사람들은 모두 자신만의 삶의 방식이 있으며 남과 다르게 보이려는 욕망을 가지고 있다. 그런데 그들이 갈망하는 것은 그리스도를 닮는 것이 아니라, 사람들 중에서 돋보이려는 것이다. 그들의 별명 또한 그들을 자랑스럽게 만들기도 한다. 매듭 허리띠 수도사라 불리는 수도사들 중에는 콜레탄스 파, 미레노스 파, 미니무스 파, 불리스타스 파, 브리기테 파, 아우구스티누스 파, 빌헬름 파, 야곱 파 등의 분파도 있다. 마치 그리스도교 수도사라는 하나의 호칭으로 불리는 것이 만족스럽지 않다는 듯 말이다!

그들이 따르는 의식과 사소한 전통은 너무나 인간적인 것들인데도, 그들의 시각에서 볼 때는 대단히 가치 있는 것이어서 천국을 제외한 그 어느 것으로도 보상이 될 수 없다는 듯 보인다. 그러나 그들은 그리스도가 이 모든 것은 거들떠보지도 않을 것이고 단지 그리스도의 법과 자비라는 율법에 복종하고 있는지만 물을 것이라는 사실을 잊고 있다. 어떤 이는 온갖 생선요리를 먹어 잔뜩 부른 배를 드러내 보일 것이고, 다른 이는 녹초가 되도록 엄청난 양의 〈시편〉을 분석해낼 것이며, 한 끼 식사로 배가 터지도록 먹었으면서도 수만 번 단식을 했다는 이도 있을 것이고, 일곱 척의 배를 가득 채울 만큼 충분히 많은 계율을 실천했다고 하는 이도 있을 것이며, 60년 동안 장갑을 끼지 않고는 돈을 만

매듭 허리띠 수도사
매듭 허리띠 수도사는 프란
체스코 수도회 수사들이 세
개의 매듭이 달린 끈을 허
리에 차고 다닌 데서 유래
했다.
〈안드레아스와 성 프란체스
코〉 엘 그레코, 1604년경,
프라도 미술관(마드리드)

진 적이 없다고 자랑하는 이도 있을 것이다. 또 어떤 이는 너무 더럽고 불결해서 뱃사람도 만지지 않을 정도로 낡아빠진 두건을 보여줄 것이고, 어떤 이는 해면처럼 꼼짝 않고 같은 장소에서 55년 이상을 살았다고 할 것이며, 어떤 이는 성가를 부르느라 목소리가 갈라졌다고 할 것이고, 또 어떤 이는 홀로 외로이 살다 보니 바보가 되었다거나 침묵 속에 칩거하다 보니 말하는 방법을 잊었다고도 할 것이다.

그러나 그리스도는 이렇게 수없이 이어지는 자찬의 물결을 멈추게 하고 다음과 같이 이야기할 것이다. "이 새로운 유대인 종족은 어떤 자들이냐? 나는 오로지 하나밖에 없는 내 율법만을 인정한다. 이것에 대해 말하는 자는 한 사람도 없구나. 예전에 나는 우화의 힘을 빌리지 않고 내 아버지의 유산을 엄연히 약속했지만, 그것은 두건이나 사소한 설교 혹은 금욕에 대한 것이 아니라 신앙과 자비를 행하는 문제에 관한 것이었다. 나는 자신의 장점을 지나치게 알리고자 하는 사람을 인정하지 않는다. 나보다 더 신성하게 보이기 원한다면 아브락사스●파의 천상성지에 가서 살거나 내 계율보다 우위에 둔 저속한 관습들을 정착시킨 자들에게 새로운 성지를 건설해달라고 해라!" 이런 말씀을 듣고 그리스도가 뱃사람들과 마차꾼들을 더 아끼신다는 것을 알아차리게 된다면, 우리 수도사들은 어떤 얼굴을 하고 서로 바라볼 것인가?

어찌됐든 그들은 지금까지는 내 덕분에 희망을 누리고 있다. 그들은 공적인 일과는 관계가 없는데도 아무도 그들에게 감히 경멸을 드러내 보이지 않는다. 특히 탁발 수도사●에게는 더욱 그렇다. 그들이 고백성사●를 통해 모든 사람들의 비밀을 알고 있기 때문이다. 탁발 수도사들은 그런 비밀을 누설하는 것을 죄로 여기기는 한다. 술 마시고 재미있는 이야기를 나누며 즐기는 경우를 제외하고는 말이다. 그들이 술 마시고 즐길 때는 이름을 내뱉지는 않지만 추측의 여지를 남겨두기도 하니 이런 말벌들을 화나게 자극해서는 안 된다. 왜냐하면 그들은 설교할 때 조금만 눈치 있는 사람이라면 누구나 알아챌 수 있도록 상대의 이름을 암시하거나 별명을 불러 보복을 하기 때문이다.

이들 설교자들보다 더 강적인 희극배우나 어릿광대를 본 적이 있는가? 그들은 분명 우스꽝스러운 웅변술사지만 수사학의 전통 방식을 능숙하게 흉내 내지 않는가! 그들의 끊임없는 몸짓은 얼마나 놀라운가! 목소리 톤을 조절하고, 콧노래를 흥얼대고, 몸을 흔들고, 계속해서 얼굴 표정을 바꾸는 데는 또 얼마나 능한지! 또 줄곧 외쳐 대는 이들을 당할 자가 있는가! 이런 설교 비법은 비밀스럽게 그들의 손에서 손으로 전수된다. 여기에 대해서 아는 바는 없지만, 가령 이럴 것이라고 생각된다. 첫째, 그들은 시인들이 습득한 관습인 기도로 이야기를 시작한다. 둘째, 자비에 관해 말해야 한다면, 첫머리에서 이집트 나일 강을 예로 들어 이야기를 끌어간다. 십자가의 신비를 설명할 때는 바빌론의 용이라는 벨의 이야기를 활용하고, 단식에 관해 이야기할 때는 황도 12궁●을 언급할 것이다. 또 신앙에 대해 말할 때는 원의 구적법●에 대해 늘어지게 이야기를 펼쳐놓을 것이다.

나도 완전히 돌아버린 어느 미치광이(용서하길, 현자라고 말할 참이었는데)가 어떤 유명한 모임에서 삼위일체●의 신비에 대해 설명하는 것을 들은 적이 있다. 그는 자신의 학문이 얼마나 정교한지를 보여주기 위해, 그리고 신학자들의 귀를 만족시켜주기 위해 정말 새로운 방법을 사용했다. 설명을 시작하자마자 알파벳, 음절, 품사, 주어와 동사의 일치, 형용사와 명사의 일치에 관한 이야기부터 꺼낸 것이다. 어안이 벙벙해진 사람들은 "이런 하찮은 이야기 다음에 무슨 말을 할까?" 하는 호라티우스의 말을 인용하며 수군덕거렸다. 그는 삼위일체가 문법의 엄격함 속에 온전히 형상화되어 있으며, 어떤 수학적인 현상도 이 삼위일체의 신비를 명확하게 재현하지 못할 것이라고 결론지었다. 그는 이 연설에 사용한 이론의 체계를 세우기 위해 거의 여덟 달 동안을 골

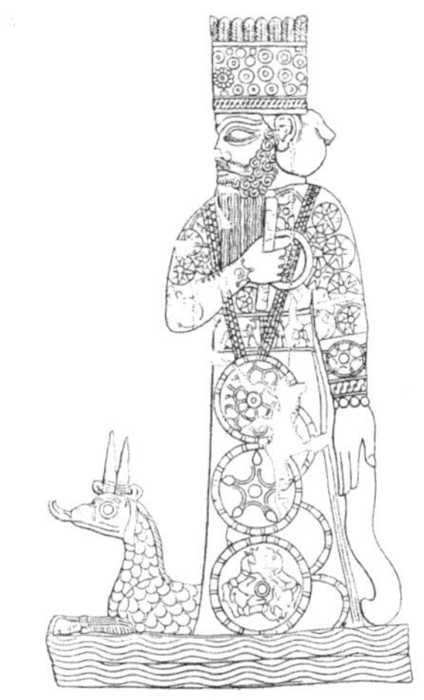

벨

고대 바빌로니아 신화에 나오는 으뜸 신. 바빌로니아에서는 마르두크라고 한다. 그는 혼돈의 신 티아마트를 정복하고 하늘과 땅의 신들의 주인이 되었다. 마르두크를 상징하는 성스러운 동물은 말, 개, 특히 갈라진 혀를 가진 용이다. 그의 옷에는 별이 장식되어 있고, 손에는 홀을 들고 있으며, 화살이나 창, 그물 또는 벼락을 가지고 다닌다. 그리스의 작품에서는 벨이라는 이름으로 언급된다.

위의 그림은 마르두크(벨)와 티아마트의 모습.

●**황도 12궁** 천구 위에 위치한 양자리, 황소자리, 쌍둥이자리, 게자리 등의 열두 별자리.

●**구적법** 도형의 넓이와 부피를 구하는 방법으로, 적분의 효시로 꼽는다.

●**삼위일체** 그리스도교에서 성부, 성자, 성신(성령)의 세 위격이 하나의 실체인 하느님 안에 존재한다는 가르침.

몰해야 했다. 그 때문에 두더지보다도 더 눈이 침침해졌는데, 아마도 예민해진 정신 상태에서 집중하여 연구하느라 시력이 감퇴했기 때문일 것이다. 이런 장애에도 그는 조금도 후회하지 않고 자신의 영광을 위해 값싼 대가를 치른 것이라고 생각한다. 나는 또 다른 이야기도 들었다. 스코투스가 다시 살아났다고 할 만큼 아주 훌륭한 신학자의 얘기다. 80대의 그 신학자는 예수라는 이름의 신비를 설명했는데, 이 단어의 글자가 우리가 예수에 대해 말할 수 있는 모든 의미를 내포하고 있다는 사실을 놀라울 만큼 정교하게 증명해 보였다. '예수'라는 단어는 세 가지로 변화하는데, 이것은 신성한 삼위일체의 명백한 상징이라는 것이다. 첫 번째 경우 jesus는 s로 끝나고, 두 번째 경우 jesum은 m으로 끝나고, 세 번째 경우 jesu는 u로 끝난다. 이 사실은 형언할 수 없는 신비를 감추고 있는데, 이 세 개의 작은 글자가 결국 예수가 처음 summum이자, 중간medium이자, 마지막ultimum이라는 것을 의미한다는 것이다. 이 세 글자는 좀 더 심오한 비밀을 지니는데, 그것은 수학과 관련된다. 학자들은 실제로 예수의 이름을 동일하게 두 부분으로 나눠 중간에 있는 s만 따로 분리한다. 그들은 이 s가 히브리어에서 syn이라 불리는 글자라고 했는데, 내 생각에 syn은 스코틀랜드어로 '죄'를 의미한다. 이 사실에서 그들은 예수가 인간의 죄를 없애기 위해 세상에 온 것이라고 분명히 확신한다! 이 새로운 이야기를 들은 청중은 아주 크게 놀랐는데, 특히 신학자들은 니오베처럼 거의 돌이 될 뻔했으며, 나 역시 카니디아와 사가나●의 밤 의례에 참석했던 프리아포스 같은 불행한 사고를 당할 뻔했다.

참으로 우스꽝스러운 일이다. 그리스인 데모스테네스도, 로마인 키케로도 그런 방식으로 이야기를 시작하진 않았을 것이다. 그들은 연설을 할 때 주제와 상관없는 서두로 시작하는 것을 이상하다고 생각했을 것이기 때문이다. 자연의 선량한 가르침을 받은 돼지 치는 목동도 그

●카니디아와 사가나 호라티우스의 《서정시》에 나오는 주술사(마녀)들. 카니디아와 사가나는 창백하고 기분 나쁜 얼굴, 맨발에 마구 헝클어진 머리털, 썩은 내 나는 옷차림으로 한밤중에 무덤가에 나타나 흙을 파헤친 뒤 어린 양의 몸을 갈가리 찢어서 먹고, 지하의 신들을 불러낸다.

렇게 이야기를 시작하지는 않는다. 그런데 현자들은 그들이 '서두'라 부르는 것을 수사학적인 작품으로 만들려는 듯 주제와 관계있는 것은 모두 제외하고, 놀란 청중이 "대체 뭘 말하려는 걸까?" 하고 수군거릴 때면 연설이 성공적이었다고 생각하는 것이다.

셋째, 복음서에서 몇 가지를 인용할 때면 마치 지나가는 이야기인 양 잠시 언급하고는 지나쳐버린다. 복음서를 설명하는 일이야말로 그들에게 가장 중요한 소명인데도 말이다. 넷째, 그들은 역할을 바꿔 하늘과도 땅과도 무관한 신학 이야기를 종종 문제 삼는다. 그들에 따르면, 그것은 예술의 원칙을 따르는 일이다. 그들은 신학자다운 거만함을 드러내면서 위엄 있는 박사니, 능력 있는 박사, 실력파 박사, 고매한 박사, 숭고한 박사, 거부할 수 없는 박사 등등 화려한 칭호를 큰 소리로 떠들어 댄다. 그들은 무식한 사람들 앞에서 삼단논법, 대전제, 소전제, 결론, 파생명제라든가 가정 등 스콜라학파의 썰렁한 이야기들을 펼쳐 보인다. 이것이 끝이 아니다. 아직 5막이 남아 있다. 여기서 이 예술가들은 더없이 유감없는 연기력을 발휘한다. 예를 들어 《역사 탐방》이나 《로마 영웅전》 같은 책에서 인용한 지루하고 우스꽝스러운 우화들을 던지고는 거기에 우의와 비유, 유추 같은 수사학적 해석들을 계속해서 덧붙인다. 이렇게 하여 그들은 결국 자신들만의 망상을 만들어 내고 마는데, 이것은 호라티우스가 "사람의 머리에 기타 등등 여러 가지를 덧붙여라……."●라고 썼을 때조차도 생각하지 못한 기괴한 괴물이나 다름없다.

한편 서두를 꺼낼 때는 침착한 어조의 작은 목소리로 시작해야 한다는 것을 누가 그들에게 가르쳤는지는 몰라도 그들은 겨우 알아들을 만큼 아주 낮은 목소리로 연설을 시작한다. 아무도 알아듣지 못한다 하더라도 관심 없다는 듯이! 하지만 그들은 사람들을 감동시키기 위해서는 큰 소리로 부르짖으며 말해야 한다는 것을 알고 있다. 그래서 전혀 필요하지 않은 부분에서 급작스럽게 격한 소리를 내지르는 것을 볼 수 있다. 이렇게 아무 때나 소리 지르는 사람들에게는 원산초를 먹여야 한다. 게다가 그들은 말을 하면서 점차 흥분하는 모습을 보이는 것이 좋다는 것도 알고 있다. 그래서 한 에피소드의 서두를 그럭저럭 전개해 나가다가 갑자기 별것도 아닌 단순한 내용에서 깜짝 놀랄 만큼 목소리를 높인다. 그리하여 연설을 마칠 때쯤이면 숨이 찰 정도가 된다. 마지막으로, 수사학은 웃음을 활용해야 한다는 사실도 알고 있는 그들은 몇 가지 농담으로 이야기를 유쾌하게 만들려고 연구한다. 오, 사랑스러운 아프로디테여, 이 얼마나 은혜로운 일인가! 리라를 켜는 당나귀 꼴과 다름없군 그래! 또 그들은 다른 사람을 나무라기도 하는데, 이때 모욕을 주기보다는 어루만지는 방식을 택한다. 남의 환심을 사기 위해선 부드러운 비판보다 더 효과적인 방법이 없다는 것을 잘 알기 때문이다. 아무튼 그들의 이야기를 들으면 그들의 스승이 혹시

●호라티우스의 《시론》에 나오는 표현으로, "사람의 머리에 목을 덧붙이고 또 다른 부위를 덧붙여라……."라고 한 문장을 말한다.

저잣거리의 약장수가 아닐까 하는 생각이 들 정도다. 하지만 적어도 약장수들이 그들보다 한수 위일 것이다. 어쨌거나 그들은 서로 많이 닮았다. 그들 중 한쪽이 다른 한쪽에게 수사학을 가르쳐준 것이 분명하다. 그럼에도 내 보살핌으로 이 수다쟁이들은 그들을 칭송하는 무리를 만나게 되고, 데모스테네스나 키케로라는 평가를 받게 될 것이다. 그들은 자신들을 칭송하는 무리 중에서 특히 장사꾼과 여자들의 아첨으로 귀가 괴로울 지경이다. 장사꾼들은 충분히 기분이 부풀면 부정하게 얻은 재산의 일부를 내놓기도 한다. 또 여자들은 웅변가들을 좋아하는 이유가 여러 가지인데, 특히 남편을 흉보며 속내를 고백하는 즐거움이 크기 때문이다.

이제 당신들은 위선과 우스꽝스러운 한담과 푸념을 늘어놓으며 사람들 사이에서 일종의 폭군처럼 굴면서 사도 바울로나 안토니우스라고 자처하는 이런 자들이 얼마나 내 은혜를 입고 있는지 알게 되었을 것이다.

55.

이제 내 은혜를 모른 체하고 위선으로 신앙을 뽐낸 이런 배은망덕한 자들의 이야기를 마치니 마음이 편하다.

오래전부터 나는 군주와 봉건 제후들의 이야기를 하고 싶었다. 솔직히 이들은 적어도 자유인답게 내게 신실한 존경을 보여준다. 사실 최소한의 양식이 있다면 이보다 더 슬프고 피하고 싶은 삶이 또 있을까? 배신을 하고 부모를 살해한 대가로 왕좌를 얻고자 하는 사람은 아무도 없을 것이다. 진실하게 나라를 다스리고자 하는 사람들에게 주어질 수밖에 없는 과중한 부담에 대해 깊이 생각해본다면, 그 누가 왕좌를 원하겠는가? 권력을 갖게 되면 군주는 개인적인 일은 뒤로하고 정치만 생각해야 한다. 백성들의 이익만을 목표로 해야 하고, 자신이 공포한 법률을 한 치라도 어겨서는 안 되며, 행정과 사법 절차는 모두에게 공명정대하게 시행해야 한다. 모든 사람들의 눈길이 그에게로 향한다. 왜냐하면 그는 덕을 행하면서 백성을 구제하는 은혜로운 별이 될 수도 있고, 재앙을 불러일으키는 치명적인 별이 될 수도 있기 때문이다. 다른 사람들의 악덕은 그다지 중요하지 않아서 그 영향력이 멀리까지 이르지 않지만, 군주나 제후는 매우 중요한 자리에 있으므로 그들의 사소한 결점 하나가 백성 전체에게 해를 끼치는 그릇된 본보기가 될 수 있다. 부귀영화를 누리지만 그만큼 타락과 독단, 아첨과 사치 같은 온갖 유혹에 둘러싸여 있기 때문에 직무에 실수하지 않고 부족함이 없도록 늘 최선을 다해 신경을 써야 한다. 마지막으로 군주나 제후는 함정과 계략, 증오와 위기에 둘러싸여 있어 두려움에 떨면서도 자신의 머리 위에 '진정한 왕'이 있다는 사실을 염두에 둬야 한다. 그 왕은 아주 작은 잘못조차 지체하지 않고 책임을 물을 것이고, 그가 더 큰 권력을 행사하면 할수록 그만큼 더 엄격히 그를 대할 것이기 때문이다.

만약 군주들이 자신이 처한 위치를 잘 안다면(현명하기 때문에 물론 알겠지만) 아마 그들은 한가로이 잠을 잘 수도, 맛있게 밥을 먹을 수도 없을 것이다. 바로 이때 내가 그들에게 은혜를 선사한다. 그들은 자신들의 업무를 신들에게 내맡기고 나른한 삶을 영위하면서 영혼의 근심을 몰아내고 편안하게 아첨하는 이들의 말만을 듣고자 한다. 그들은 열심히 사냥을 하러 나가고, 훌륭한 말을 기르며, 사법행정과 지휘권을 마음대로 거래하고, 세리稅吏를 시켜 백성들의 재산을 빼앗을 새로운 방법을 매일같이 짜내며, 최악의 비리를 정의롭게 보이도록 위장할 만한 교활한 핑계를 찾아내기만 하면 군주의 직무를 완수한다고 생각한다.

게다가 그들은 백성들이 자신들을 따르도록 그들에게 아첨하는 것도 잊지 않는다.

흔히 볼 수 있는 그대로의 군주의 모습을 떠올려보라. 그들은 법률에 무지하고 자신들의 이익만을 생각하기 때문에 백성들의 이익에 대해서는 관심이 없다. 또한 쾌락에 빠져서 학문과 자유와 진리를 증오한다. 백성들의 안녕을 조롱하고, 자신의 욕망과 이기심 이외에는 다른 법칙을 두지 않는다. 이런 군주에게 모든 미덕의 결합을 상징하는 황금 목걸이를 걸어주고, 정교한 보석으로 장식한 왕관을 씌워주며, 그가 영웅의 미덕을 모두 갖췄기에 군주들 가운데 가장 훌륭하다고 말해보자. 또 정의와 청렴한 영혼의 상징인 왕의 지휘봉까지 쥐어주고, 마지막으로 국가에 대한 온전한 헌신을 의미하는 자줏빛 옷을 주어보자. 이런 상징성 있는 장신구들에 자신의 행동을 견주어볼 줄 아는 군주라면 이런 것들을 걸치고 있다는 사실에 부끄러워 얼굴을 붉힐 것이고, 짓궂은 연기자가 이 모든 연극 소품들을 비웃으며 조롱하지는 않을까 두려워할 것이다.

56.

궁정인들에 대해서는 무엇을 이야기할까? 대부분의 궁정인들보다 더 굽실대고 비굴하며 우스꽝스럽고 비열한 사람은 없다. 그들은 어디서든 가장 앞줄에 모습을 드러내려 한다. 그들은 오로지 한 가지만큼은 아주 신중하게 생각하는데, 바로 황금과 보석 그리고 자줏빛 옷, 미덕과 지혜를 상징하는 다양한 장식품은 몸에 걸치면서 그 미덕과 지혜의 실천은 타인에게 맡기는 것 말이다. 그들에게 행복은 '폐하'라고 부를 권리를 갖는 것, '전하'니 '지고의 왕'이니 '칭송받을 분'이니 하는

에코

그리스 신화에 나오는 숲의 요정. 미소
년 나르키소스를 사랑하였으나, 구애
를 거절당하자 슬픔으로 몸이 없어지
고 목소리만 남았다고 한다.
〈에코와 나르키소스〉 J. W. 워터하우
스, 1903년, 워커 아트 갤러리(리버풀)

●**페니키아인** 기원전 3000년경부터 시
리아, 레바논 해안 지역에 도시를 건설
한 민족. 항구도시를 중심으로 주로 해
상무역을 했다.

공식적인 칭호를 수시로 사용하면서 몇 마디 말로 왕에게 인사할 권리
를 갖는 것이다. 그들은 이런 것을 행복이라 여기며 낯짝을 더럽히고
아첨을 즐기며 논다. 이런 것들이 귀족 혹은 궁정인으로서 갖춰야 할
중요한 재주인 것이다. 만약 그들을 더 가까운 곳에서 지켜본다면, 당
신들은 그들이 페넬로페의 구혼자들인 진짜 페니키아인●인 듯 살고
있음을 알게 될 것이다. 당신들은 나보다 더 잘 전달해줄 에코(메아리)
가 읊어주는 시의 마지막 부분을 알고 있을 것이다. 그들은 정오까지
실컷 잠을 잔다. 그리고 겨우 일어나면 침대 옆에서 기다리던 고용 사
제가 서둘러 간단히 미사를 드린다. 점심식사가 끝나면 이어서 곧 저
녁식사 시간이 된다. 그런 후에는 주사위 놀이, 체스, 알아맞히기 게
임, 어릿광대와 여자들이 나오는 시간, 오락과 수다 시간이 이어진다.
그 사이 한두 번 간식이 나온다. 그러고 나면 밤참을 먹기 위해 다시
식탁에 앉을 시간이 되고, 주연酒宴이 이어진다. 이런 식으로 지겨울

겨를도 없이 시간이 흐른다. 날이 가고 달이 가고 해가 가고 세기가 바뀐다. 나조차 혐오감을 느끼며 이런 높으신 분들 곁을 떠난다. 그들은 자신들이 신의 동료라도 된 듯 여기고, 긴 옷자락이 땅에 끌릴 때면 신과 좀 더 가까워졌다고 상상한다. 귀족들은 제우스와 더 가까워지려는 욕망에 사로잡혀 술수를 쓰고, 오로지 좀 더 무거운 목걸이를 걸고자 애를 쓴다. 그렇게 함으로써 그들은 육체의 힘과 부유함을 동시에 자랑하려는 것이다.

주교관
그리스도교 고위 성직자들이 의식을 행할 때 쓰는 전통적인 모자.
포르투갈 알쿠바사 수도원 내 돌에 새겨진 주교관 부조.

57.

군주들의 경쟁 상대가 될 만한 사람은 교황과 추기경 그리고 주교들이다. 그들은 군주를 거의 능가한다. 그들 가운데 한 사람만 잘 살펴봐도 다음과 같은 사실을 알 수 있을 것이다. 눈처럼 하얀 아름다운 예복은 죄 없는 삶의 상징이며, 하나의 매듭으로 연결되고 두 개의 뿔로 장식된 주교관은 《성경》에 대한 공평하고 심오한 지식을 갖춰야 함을 전제한다. 손을 덮는 장갑은 미사를 집전하기 위해 순결해야 함을 의미하고, 주교지팡이는 양 떼를 지키는 자임을 상징하며, 그 앞에 세워진 십자가는 모든 인간적 정념을 이겨낸 승리를 뜻한다. 이런 사실과 그 밖의 의미를 잘 생각해본다면 성직자들은 슬픔과 불안감에 사로잡혀 살게 되지 않을까? 그런데 오늘날 이 목자들은 잘 먹는 것 이외엔 아무것도 하지 않는 것 같다. 그들은 양 떼를 돌보는 일은 그리스도 자신이나 지명된 신부나 보좌신부들에게 내맡겨둔다. 그들은 노동과 감독, 배려를 상징하는 주교의 의미를 잊었다. 이런 상황은 오히려 그들이 돈을 버는 데 도움이 되고 만다. 그들은 바로 이럴 때에만 눈을 뜨고 정신을 차리기 때문이다.

주교지팡이
선한 목자인 예수 그리스도를 상징하는 지팡이. 머리 부분이 둥글고 휘어 있다. 가톨릭을 비롯해 그리스도교 고위 성직자들이 성직의 표지로 들고 다닌다.
위의 사진은 13세기의 주교지팡이.

58.

추기경들도 마찬가지다. 그들은 사도들의 후계자로서 전도 활동을 계속해야 할 의무가 있고, 영적인 재산의 소유자가 아니라 분배하는 자로서 그 재산에 대해 엄중히 보고를 해야 한다. 만약 추기경들이 자신들의 복장에 대해 잠시만이라도 철학적으로 생각해보고 다음과 같이 자문해보았다면, 즉 '이 흰 예복이 온전히 순결한 행동을 의미하지 않는다면 무엇이겠는가? 이 자줏빛 예복이 열렬한 하느님 사랑을 의미하지 않는다면 무엇이겠는가? 지극히 존귀한 생명체인 노새와 낙타를 덮어줄 만큼 굵은 주름이 잡힌 이 커다란 외투가 모든 사람들에게 두루 베풀어져야 하고, 그들에게 필요한 도움을 주는 무한한 자비, 가령 가르치고 격려하고 위로하고 시정하고 주의를 주고 전쟁을 종식하는 것은 물론, 고약한 군주에게 저항하고 그리스도의 양 떼를 위해 재산뿐 아니라 피까지도 관대하게 제물로 바칠 수 있는 그러한 자비를 의미하지 않는다면 무엇이겠는가? 가난한 사도의 임무를 행하는 데 금전이 무슨 필요가 있겠는가?' 하고 진심으로 자문해보았다면, 그들은 미련 없이 모든 것을 떠나 예전의 사도들처럼 노동하고 헌신하는 삶을 살고자 했을 것이다.

59.

그리스도를 대신하는 교황이 만약 그리스도의 청빈과 노동, 그의 지혜와 수난 그리고 현세에 대한 욕망을 버리는 태도를 닮고자 노력한다면, 그리고 '아버지'를 의미하는 교황이라는 칭호와 자신들에게 주어진 '지극히 성스러운' 자격에 대해 진지하게 생각해보았다면, 그들은 인간들 가운데 가장 불행하지 않았을까? 교황이라는 존귀한 직위를 얻기 위해 모든 수단을 동원한 사람은 칼과 독극물과 폭력을 써서라도 이것을 지켜야만 하지 않겠는가? 만약 어느 날 자신 안에 지혜가 생긴다면! 굳이 지혜가 아니더라도 그리스도가 말씀하신 소금● 한 알갱이라도 자신 안에 생겨난다면, 그는 얼마나 많은 것을 잃어야 할 것인가! 그토록 엄청난 부와 명예, 장신구, 공직, 특혜, 면세, 면죄부, 수많은 말과 노새, 보좌관들, 엄청난 쾌락 등등…… 나는 그저 몇몇 단어로 표현했을 뿐이지만, 이 얼마나 무수한 뒷거래와 수확과 바다와도 같은 무한한 재산이란 말인가! 그들은 이것들 대신 밤샘과 단식, 눈물, 기도와 설교, 연구와 금욕 그리고 헤아릴 수 없이 많은 불편하고 힘든 일들을 해야 할 것이다. 그런데 잊지 말아야 할 것이 있다. 교황의 수많은 교서 집필자, 서기, 공증인, 변호사, 입법자, 보좌관, 노새지기, 마부, 주방장, 중개인(좀 더 심한 말을 할 수도 있지만, 귀에 거슬리는 말은 삼가자)들은 어찌 될 것인가? 교황 덕에 먹고사는, 아니, 아니다! 로마 교황청에서 직무를 수행하던 이 많은 사람들은 기아에 허덕이게 될 것이다. 그러니 세상의 진정한 빛인 교회의 이 위대한 우두머리가 지팡이를 짚고 보따리를 진 가난한 사제로 되돌아간다는 것은 얼마나 비인간적이고 가증스러우며, 그야말로 고약한 일이 되겠는가?

오늘날 교황들은 힘든 일은 거의 성 베드로와 사도 바울로에게 맡기고, 자신들은 즐거운 일만을 담당한다. 결국 나, 우신 덕분에 그보다 더 유쾌하게 사는 사람은 없게 되었다. 그들보다 근심이 덜한 사람은 없다. 왜냐하면 그들은 거의 연극 같은 화려한 의례에나 모습을 드러내고, 지복이니 지존이니 지성이니 하는 칭호를 받으며 미사를 집전할 때 축복을 내리거나 비난을 퍼붓기만 하면 그리스도에게 충분히 봉사한 것이라 여기기 때문이다. 기적을 행하는 것은 더 이상 우리 시대에 속하지 않는 오래되고 낡아빠진 풍습이고, 백성을 가르친다는 것은 피

●**소금** 그리스도교 신자들의 사회적인 책임을 제시한 말. 본질적으로 부패할 수밖에 없는 세상에서 소금 같은 존재가 되어 부패를 막으라는 의미. 〈마태오의 복음서〉 5장 13절에 소금에 대한 언급이 나온다.

곤한 일이 되었다. 또 《성경》을 해석하는 일은 학교에서 해야 할 일이고, 기도는 무익하며, 눈물 흘리는 것은 불행한 사람이나 여자들의 일이다. 가난한 것은 멸시받을 만하며, 패배를 감내하는 것은 높은 지위의 왕에게조차 교황인 자신의 발에 입 맞추는 것을 허락하지 않는 교황에게는 가당치 않은 수치다. 결국 죽는 일도 힘든 일인데, 십자가 위에서라면 그건 더욱 추한 꼴이 될 것이다. 그들에게 남은 유일한 무기는 사도 바울로가 말한 달콤한 축복과 그들이 헤프게 사용해 대는 금지령, 면직, 부과賦課, 파문, 징벌에 대한 무서운 계시 그리고 단 한 번의 손짓만으로 끝을 알 수 없는 지옥의 심연 속에 영혼들을 처넣어버리는 끔찍한 벼락 등이다. 그리스도 안에서, 그리스도의 대리자인 이 지극히 성스러운 사제들은 악마의 꼬임에 빠져 성 베드로의 재산을 없애고 갉아먹으려는 사람들을 가장 호되게 후려친다. 성 베드로 사도가 복음서에서 "보시다시피 저희는 모든 것을 버리고 주님을 따랐습니다."(《마태오의 복음서》 19장 27절)라고 말하고 있음에도 교황들은 성 베드로에게 바친다는 명목으로 토지와 도시, 공물과 통행세 등을 자산으로 만들어 하나의 왕국을 세우지 않는가. 이 모든 것을 지키기 위해 그리스도의 사랑에 흥분한 그들은 칼과 총을 들고 싸우고, 그리스도교 신자들의 피가 강물이 되어 흐르게 하지 않는가. 그들은 자신의 적이라 부르는 자들을 섬멸하는 것이 사도로서 그리스도의 아내인 교회를 지키는 것이라 믿는다. 마치 교회의 가장 해로운 적은 불경한 교황들이 아니라는 듯 말이다. 그들은 침묵으로 그리스도를 잊게 만들고, 부정한 거래로 자신들을 옭아매며, 그릇되게 꾸며낸 해석으로 가르침을 변질시키고, 추한 행동을 일삼으며 그리스도를 유린하지 않았는가!

그리스도교는 피로 세워졌고 피로 공고히 다져졌으며 피로 성장했는데, 교황들은 마치 그리스도가 자기 나름의 방식대로 했기 때문에 재산을 지킬 수 없었다는 듯이 계속해서 피를 뿌리고 있다. 전쟁은 잔인한 짐승들이나 함 직한 것이지, 인간들이 치를 만한 것이 아니다. 시인들이 지어낸 이야기에 따르면, 전쟁은 복수의 세 여신이 보낸 광란의 소용돌이요, 지나치는 곳곳마다 풍습을 파괴하는 페스트이며, 대개 사악한 악당들이 최고의 전사가 되기 때문에 그리스도와는 어떤 공통점도 갖지 않는 신성모독인 것이다. 그럼에도 교황들은 이 모든 것을 무시하고 전쟁을 주된 일로 여긴다. 이 늙어빠진 노인네들 중에는 전쟁을 하느라 청춘의 열정을 바치고, 돈을 쏟아 붓고, 피곤함을 무릅쓰고, 그 무엇 앞에서도 후퇴하지 않았기에 결국에는 법률, 종교, 평화 그리고 전 인류를 뒤죽박죽 엉망진창으로 만들어버렸다. 그런 다음에 그들은 아첨꾼 학자들을 대거 찾아내어 자신들이 행한 명백한 과실을 열정과 신앙, 용기라는 이름으로 포장하게 하고, 그리스도가 이웃을 위해 지녀야 할 덕목으로 신자들에게 요구한 그 완벽한 자비를 조금도 저버리지 않으면서 어떻게 칼을 뽑아들어 살해하고, 그 칼을 형제의 심장에 꽂을 수 있는지를 논리적으로 증명하게 한 것이다.

60.

그들은 모범을 보인 것인가, 아니면 몇몇 독일 주교들의 선례를 따른 것인가? 독일의 주교들은 미사와 축성식, 예식은 내팽개치고 공공연하게 폭군의 행동을 드러낸다. 또 그들은 전쟁터가 아닌 다른 곳에서 자신들의 호전적인 영혼을 신께 돌려드리는 것이 주교의 직무에 합당하지 않은 것이라 믿는 것 같다. 덕을 쌓는 일에서 그들이 모시는 고위 성직자들에게 필적하지 못할까 봐 심히 염려하는 일반 사제들은 십일조를 지키기 위해 진짜 병사들처럼 싸운다. 칼과 창과 투석기 등 그들에게 적합한 것이면 어떤 무기라도 상관없다. 그들은 십일조 혹은 그 이상을 바쳐야 하는 신자들의 의무를 믿게 하기 위해 백성들을 위협할 만한 근거들을 낡은 양피지 속에서 찾아낸다. 백성들에 대한 자신들의 의무는 어디에나 쓰여 있지만, 그것을 읽는 일은 잊어버린다. 삭발을 해도 그들은 세속의 모든 정념을 버리고 오로지 신을 위한 일에만 매달려야 한다는 사실을 깨닫지 못한다. 쾌락을 즐기면서도 기도문을 중얼거리기만 하면 곧 자신의 양심이 깨끗해진다고 믿는다. 그러니 어찌 신이라 한들 그들의 말을 듣고 이해할 수 있겠는가. 그들조차 그렇게 큰 소리로 외쳐 대도 서로 알아듣지 못하고 이해하지 못하는데 말이다!

또한 그들은 악착같이 돈을 모으고 자신들의 권리를 인정해줄 것을 강요하는 데 능하다는 것이 평신도들과 닮은 점이다. 힘든 일은 타인의 어깨 위에 슬그머니 던져놓고 서로 책임을 전가한다. 많은 사제들이 나랏일을 신하에게 맡겨버리는 속세의 군주들과 닮았다. 그러면 또 신하들은 그 일을 자기보다 아래의 사무관들에게 내맡기지 않던가. 아마도 사제들이 신앙에 관련된 선행을 신도들에게 양도하는 것을 겸손 때문이라 한다면, 신도들은 그것을 수도사들에게 넘겨버린다. 마치 자신들은 교회 밖에 있으며, 세례식에서 한 맹세는 공허한 의식에 지나지 않는 것이라는 듯 말이다. 또 재속在俗 성직자들은 그리스도가 아니라 속세에 헌신하는 듯하다. 그들은 자신들의 직무를 수사들에게 내맡기고, 수사들은 수도자들에게, 그 다음에 태만한 수도자들은 착실하고 엄격한 수도자들에게 맡겨버린다. 수도자들은 또다시 탁발 수도사들에게, 탁발 수도사들은 샤르트르 수도회 수도사들에게 내맡긴다. 샤르트르 수도회● 수도사들은 유일하게 신앙심을 감추는 자들인데, 너무나 잘 감추어서 사람들은 이들의 신앙을 잘 알아보지 못한다. 마찬가지로 부지런히 돈을 거둬들이는 교황들은 그 직무를 주교들에게 내맡기고, 주교들은 사제들에게, 사제들은 보좌신부들에게, 보좌신부들은

● **샤르트르 수도회** 프랑스 동남쪽에 위치한 그르노블의 샤르트르에서 브루노가 1084년경에 세운 가톨릭 수도회.

탁발 수도사들에게, 그리고 마지막으로 탁발 수도사들은 양털을 깎아 줄 수 있는 자들*에게 직무를 벗어 던져버린다.

내 이야기의 주제는 교황이나 사제들의 삶을 관찰해보자는 것이 아니다. 그것은 마치 나 자신을 칭송하는 대신 통렬한 풍자시를 짓는 듯 보일 것이며, 내가 악한 군주들을 찬양하면서 좋은 군주들을 비판할 의도를 갖고 있는 것으로 믿을 수 있기 때문이다. 내가 모든 지위의 사람들에 대해 말한 사소한 사실들은 어느 누구도 내 습관을 전수받고 내 은혜를 입지 않고는 행복하게 살 수 없다는 것을 증명하기 위해서였을 뿐이다.

61.

행복과 불행을 지배하는 람누스 여신*은 항상 나처럼 현자들과 싸우고, 잠자고 있는 미치광이들에게까지도 재산을 나눠주었는데, 그녀라고 나와 달랐을까? 당신들은 티모테오스*를 잘 알 것이다. '신의 숭배를 받는 자'라는 그의 이름과 "그는 자면서도 낚시를 했다."라든가 "미네르바의 부엉이*는 나를 위해 운다."라는 속담은 그를 잘 드러내 준다. 하지만 반대로 사람들은 현자들에 대해서는 이렇게 말한다. "그들은 음력 초나흗날에 태어났다."*라든가 "그들은 세야누스의 말을 탔다."* "그들은 툴루즈의 금을 가지고 있다."*는 등의 격언이다. 하지만 이런 격언들을 늘어놓는 건 그만두자. 내 친구 에라스뮈스가 쓴 어록을 모방하는 듯 보일지도 모르기 때문이다.

있는 그대로의 사실만을 말해보자. 운명의 여신은 사려 깊지 않은 사람들, 경솔한 사람들, 함부로 "운명은 이미 모두 결정돼 있는 거야!"라고 말해버리는 사람들을 좋아한다. 지혜의 신은 사람들을 소심하게

<hr>

● 그리스도를 양 치는 목자에 비유하듯이, 그 뜻을 받들어 수도사의 본분이 양 떼를 돌보는 것임을 의미하는 비유.

● 람누스 여신 죄를 벌하고 정의를 실천하도록 감시하고 중재하는 여신.

● 티모테오스 아테네의 명장. 스파르타와의 전쟁이 일어났을 때 지휘관으로 뽑혀 스파르타군을 격파했다.

● 미네르바의 부엉이 지혜의 여신 미네르바가 손에 들고 있는 부엉이(올빼미)는 지혜를 뜻하는 동물로, 아테나 여신을 상징한다.

● 불길한 성좌의 운명을 타고 났음을 비유하는 표현이다.

● 고대 로마의 속담으로, 이 말을 소유한 사람들이 모두 불행하게 죽은 데서 나온 표현이다.

● 사용하지 않는 쓸모없는 재화를 가지고 있음을 비유하는 말이다.

만든다. 당신들은 곳곳에서 가난과 굶주림에 허덕이면서도 공허한 것을 좇으며 살아가는 사람들을 볼 것이다. 그들은 영광도, 연민도 얻지 못한 채 살고 있다. 반대로 미치광이들은 넘칠 만큼 돈을 벌고, 국가의 지배권을 가지며, 얼마 안 되는 동안에도 모든 면에서 번창해 간다. 만약 당신들이 군주의 마음에 드는 것을, 궁정인들과 보석으로 장식한 신들 사이에 위치하는 것을 행복이라고 생각한다면, 지혜보다 더 쓸데

없는 것이 무엇이 있겠는가? 이런 사람들에게 더 비난받을 것이 지혜 말고 또 무엇이겠는가? 만약 당신들이 얻고자 하는 것이 돈이라면, 지혜의 신에게서 계시를 받은 상인들이 무슨 이익을 얻을 수 있겠는가? 지혜의 여신을 따르는 상인들은 배신 앞에서 뒤로 주춤 물러서고, 거짓말이라도 하게 되면 얼굴을 붉힐 것이며, 사기와 고리대금에 대해서는 현자들처럼 양심의 가책을 느낄 것이다. 교회의 고위직과 재산을 탐한다면 아마 현자들보다는 당나귀나 짐승들이 그곳에 더 먼저 도달할 것이며, 사랑의 즐거움을 얻고자 해도 미치광이들을 좋아하는 여자들은 현자들을 마치 전갈이라도 본 듯 무서워하며 그들에게서 달아나 버릴 것이다. 그러니 즐거운 삶을 영위하려면 무엇보다 현자들을 피하고, 특히 짐승 같은 이들과 어울려야 할 것이다. 결국 어디를 봐도 교황, 군주, 판사, 법관, 친구, 적, 높은 사람, 비천한 사람 할 것 없이 모두 돈만을 추구한다. 그런데 현자들은 돈을 경멸하니, 이런 현자들을 피하도록 신경을 써야 할 것이다.

나, 우신을 예찬하는 말은 무궁무진하지만, 이제 이야기를 마쳐야 할 때가 됐다. 그래서 위대한 작가들이 그들의 작품과 행위를 통해 내 이름을 빛내주었음을 간략히 보여주고 나서 끝낼까 한다. 그래야 당신들은 내가 혼자서 자찬했다고 말하지 않을 것이고, 트집 잡기를 좋아하는 사람들도 내 은혜로움에 관해 쓰인 글이 없다고 나를 비난하지 못할 것이기 때문이다. 그들과 마찬가지로 나 역시 닥치는 대로 그런 글을 인용할 것이다.

62.

사람들이 대개 인정하는 잠언이 하나 있는데, 그것은 "가지지 못한

에피쿠로스
고대 그리스의 철학자. 원자론에 기초를 둔 에피쿠로스학파를 창시하였다.
〈에피쿠로스〉 대영박물관(런던)

것도 가진 척하라."는 것이다. 여기에서 아이들을 위한 다음과 같은 시구가 나왔다. "가장 위대한 지혜는 미친 듯 보이는 것이다." 당신들은 이미 우신이 얼마나 위대한 존재인지 결론 내렸을 것이다. 우신의 거짓된 그림자를 보고 흉내 내는 것만으로도 박식하다는 칭송을 듣기에 충분하기 때문이다. 좀 더 솔직하게 표현한 "기름져 번들거리는 에피쿠로스의 친구"●라는 구절을 보자. 여기서 호라티우스는 당신들의 생각에 광기를 섞으라고 권하고 있다. 그 광기가 덧없는 것이길 바라는 것은 잘못되었지만 말이다. 그는 또 이렇게도 말한다. "적당히 비상식적인 것은 즐거운 일이다." "현자가 되고 화를 내는 것보다 바보처럼 무식해 보이는 것이 더 낫다." 호메로스는 텔레마코스를 종종 '경솔한 아이'라고 부르며 온통 찬사를 퍼부었고, 비극적인 시에서 아이들과 청소년들을 묘사할 때는 이 행복한 형용사('무모하고 경솔한')를 수없이 사용했다. 《일리아스》의 성스러운 시 또한 왕과 백성들의 바보짓거리가 아니라면 도대체 무엇이란 말인가? "세상은 미치광이들로 넘쳐난다."라고 키케로는 말했다. 이 표현이 바로 나에 대한 가장 완벽한 찬사일 것이다. 세상에 가장 널리 퍼져 있는 선이야말로 가장 완벽하기 때문이다.

63.

그런데 이 정도의 인용으로는 그리스도교 신자들에게 그다지 영향력을 미치지 못하지 않겠는가? 그러면 학자들이 그랬듯이, 《성경》에 담긴 증언으로 나에 대한 예찬을 펼쳐보자. 신학자들이여, 나를 용서해주길. 이건 좀 어려운 일인데, 헬리콘 산의 무사이를 또 불러와야 할까? 그러나 별 관계없는 일로 그녀들에게 먼 여행을 시키다니! 나

● 호라티우스가 자기 자신을 가리킨 표현이다.

또한 신학자인 양 위험한 가시덤불길을 무릅쓰고 있으니, 아무래도 소르본의 깊은 곳에서 스코투스의 영혼을 불러와 내 안에 들이는 것이 더 나을 듯하다. 고슴도치보다 더 가시가 많은 성질 사나운 그의 영혼은 그 자신이 원하는 곳으로, '까마귀들에게든' 어디든, 마음에 드는 곳으로 돌아갈 것이다. 나라고 신학자들 차림으로 분장하지 못할 이유가 없지 않은가. 그런데 사람들이 내가 신학에 정통한 것을 보고는, 마치 내가 우리 신학자님들의 자료 상자에서 몰래 지식을 빼낸 좀도둑인 양 비난할까 봐 두렵다. 나는 오래전부터 그들과 친하게 지내왔으니 내가 그들의 지식을 알고 있다는 것은 그리 놀라운 일이 아니다. 무화과나무의 신 프리아포스는 스승이 자기 앞에서 읽었던 그리스어 몇 개를 잘 듣고 암기하였으며, 사람들과 잘 어울리던 루키아노스의 수탉은 인간의 말을 배우지 않았던가. 자, 그러면 이들의 후원에 힘입어 시작해보자.

　　〈전도서〉● 1장에는 "미치광이들이 무한히 많다."((전도서) 1장 15절 참조)라는 구절이 있다. 이 구절은 별로 눈에 띄지 않는 몇 몇 사람들을 제외하면 모든 사람을 포함하는 듯하다. 〈예레미야〉 10장에서는 좀 더 명백하게 "모든 사람들은 자신의 지혜로 인해 미쳐버렸다."(〈예레미야〉 10장 14절 참조)라고 말한다. 오직 하느님만이 지혜로우며, 인류 전체는 미쳤다는 말이다. 좀 더 위로 올라가면 "현자는 지혜를 자만하지 마라!"(〈예레미야〉 9장 22절)라고 쓰여 있다. 정직한 예레미야여, 너는 왜 인간에게 자신의 지혜를 자랑하지 못하게 하는가? 그러면 그는 아주 간단히 그건 인간에게 지혜가 없기 때문이라고 답할 것이다. 그러나 다시 〈전도서〉로 돌아가 보자. "헛되고 헛되다. 세상만사 헛되다!"(〈전도서〉 1장 2절)라고 외치고 있다. 이것은 '인간의 삶은 우신의 놀음일 뿐이다.' 라는 의미가 아니면 달리 무슨 뜻이겠는가? 〈전도서〉의 이 구절은 이미 인용한 "세상은 미치광이들로 넘쳐난다."라는 나에 대한 황홀한 키케로의 찬사에다 나를 위해 흰 조약돌 하나를 추가한 것●과 마찬가지다. 또 해박한 〈집회서〉의 "경건한 사람의 말은 언제나 지혜롭고 어리석은 사람은 달처럼 변한다."(〈집회서〉 27장 11절)라는 구절은 무엇을 의미하는가? 쉽게 말해서 인류는 어리석고, 변함없는 하느님만이 지혜의 속성을 갖는다는 것이다. 대개 인간의 속성은 달에 비유되고, 하느님은 모든 빛의 근원인 태양에 비유되기 때문이다. 복음서에서는 그리스도가 직접 하느님만이 유일하게 선하다 불려야 한다고 말한다. 스토아 학자들이 원하는 것처럼 지혜와 선이 동의어라면, 지혜롭지 못한 자는 미친 것이며, 죽을 운명인 모든 인간은 필연적으로 나, 우신에 의해 좌우된다는 것이다.

또 솔로몬은 15장에서 "속없는 자는 어리석은 일을 좋아하고……"

예레미야

〈구약성경〉 가운데 한 권. 신의 사랑과 구원의 희망을 담았다. 예레미야는 기원전 625년경 유다 왕국 말기에 활동한 대예언자로, 평생 독신으로 지내며 예언 활동을 했다.
〈예루살렘의 폐허에서 울부짖는 예언자 예레미야〉 레핀, 1870년, 트레티아코프 미술관(모스크바)

● 작은 조약돌 하나 얹은 것과 마찬가지로 거의 차이가 없음을 말한다.

《잠언》 15장 21절)라고 말한다. 어리석음이 없다면 삶은 어떤 매력도 지니지 못한다는 것을 인정하는 말이다. 다음의 문장도 동일한 생각을 담고 있다. "어차피 지혜가 많으면 괴로운 일도 많고, 아는 것이 많으면 걱정도 많아지는 법이다."(《전도서》 1장 18절) 떠들어 대기 좋아하는 이 놀라운 현자는 7장에서도 유사한 생각을 표현하지 않았던가. "지혜로운 사람은 마음이 초상집에 있고 어리석은 사람은 마음이 잔칫집에 있다."(《전도서》 7장 4절) 그렇기 때문에 솔로몬은 지혜를 연마하는 것으로 충분하지 않다고 생각했으며, 우신인 나를 알고자 한 것이다. 만약 이 사실이 의심스럽다면 1장에서 그가 언급한 내용을 다시 보자. "어떻게 사는 것이 지혜로운 일인지, 어떻게 사는 것이 어리석고 얼빠진 일인지 알아보려고 무척 애를 써보았지만."(《전도서》 1장 17절) 여기서 그가 우신에게 경의를 표하고 마지막으로 나를 언급하였음을 주목하라. 당신들도 알다시피 흔히 교회에서 통용되는 법칙에 따르면, 의례에서 가장 위엄 있는 인물은 제일 마지막에 등장하는데, 복음서에서도 마찬가지다. 또한 광기가 지혜보다 더 높은 서열이라는 사실은 〈전도서〉 44장(저자가 누구든 간에)에서도 명백히 입증되고 있다.● 단, 내가 그것을 인용할 수 있도록 플라톤의 《대화편》●에서 소크라테스가 하던 방식으로 당신들에게 질문할 테니 당신들은 나를 도와 귀납적으로 대답해주기 바란다.

자, 어떤 물건이라야 열쇠로 잠가 보관하는 것이 좋겠는가? 소중한 것? 아니면 희귀하지도 않고 가치도 없는 것? 대답이 없군. 아무런 의견이 없다면 다음과 같은 속담이 답을 내려줄 것이다. "단지는 문가에 있다." 당신들이 이 속담의 내용을 인정할 수 있도록 누가 이 말을 했는지 밝히겠다. 바로 우리 현자들의 신, 아리스토텔레스다. 당신들 중 보석이나 금덩어리를 큰길에 내버릴 정도로 터무니없는 짓을 할 사람이 있는가? 당연히 아무도 없을 것이다. 당신들은 그 보물들을 상자에 넣어 아주 단단히 잠근 뒤 집 안에서 가장 비밀스럽고 구석진 곳에 보

● 에라스뮈스의 기억이 잘못된 것 같다. 〈전도서〉에는 44장이 없다.

●대화편 소크라테스가 제자들과 나눈 대화를 내용으로 한, 플라톤의 여러 저서를 일컫는다.

아리스토텔레스
고대 그리스의 철학자. 플라톤의 제자
로, 고대 최대의 학문 체계를 세워 후
세의 학문에 큰 영향을 주었다.
〈플라톤과 세네카와 아리스토텔레스〉
중세의 철학 책에 실린 삽화. 1325~
1335년경, 런던

● **이교도들** 유대인 측에서 다른 종교
신자들을 일컫는 말.

관할 것이다. 반면 오물은 사람들이 지나
다니는 길에 내버린다. 이렇게 사람들은
대개 가장 귀하게 여기는 것은 숨겨두고,
가장 천하게 여기는 것은 밝은 곳에 버리
니, 사람들이 숨기지 않으려 하는 지혜보
다 숨기려고 하는 어리석음이 당연히 더
귀한 것이 아닌가? 자, 이제 내가 내세웠
던 주장을 드러내보자. "자기 지혜를 감
추는 사람보다는 자기 어리석음을 갖추
는 사람이 낫다."(《집회서》 20장 31절)

《성경》은 자신이 모든 사람들보다 우
월하다고 믿는 현자들보다 미치광이들이
더 겸손함을 갖추었다고 인정한다. 그래
서 〈전도서〉 10장에는 "길을 걸어가는 미
치광이는 돌았기 때문에 다른 모든 사람
들도 자신처럼 미쳤다고 생각한다."(《전도서》
10장 3절 참조)라고 쓰여 있다. 사실 모든 사람
을 자신과 동등하다고 보는 것은 얼마나
아름다운 겸손인가? 모두 거만하게 자신

을 다른 사람들보다 위에 놓으려 하는데, 자신의 장점을 공유하려는
것 또한 얼마나 겸손한가? 저 위대한 솔로몬 왕은 30장에서 "나는 사
람들 가운데 가장 미친 자다."(《잠언》 30장 2~3절 참조)라고 하면서 그것에 대
해 얼굴을 붉혀 부끄러워하지 않았다. 이교도들●의 현자인 사도 바울
로는 고린토인들에게 보낸 편지에서 단호하게 자신을 미치광이라고
주장한다. "나는 어느 누구보다 더 미쳤기 때문에 미치광이처럼 말합
니다." 마치 다른 사람보다 덜 미치는 것이 창피스럽다는 듯이. 이쯤에

서 그리스어풍으로 글을 쓰는 몇몇 시시한 작가들이 크게 항의하는 소리가 들린다. 그들은 까마귀들, 말하자면 당대 신학자들의 눈을 파내려 하고 사람들의 마음을 사로잡으려 주해서를 펴내는 사람들(이들은 내 친구 에라스뮈스를 제일가는 혹은 그 다음가는 우두머리로 섬긴다. 이것은 그에게 명예로운 것이기에 나는 종종 이 말을 언급한다.)이다. 그러면 그들은 다음과 같이 부르짖을 것이다. "참으로 터무니없는 인용이군. 그야말로 우신다운 인용이야! 사도 바울로의 생각은 이런 망상과는 거리가 멀다. 사도 바울로가 한 말은 결코 그가 다른 사람들보다 더 미쳤다는 것을 의미하지 않는다. '그들이 그리스도를 위하는 사도들이면 나 또한 그러하다.'(《고린토인들에게 보낸 둘째 편지》 11장 23절 참조)라고 말한 후에, 이 표현이 자신을 다른 사도들과 동일하게 만들어버리므로 좀 더 정확히 언급하고자 '나는 더 우월한 사도다.'라고 말한 것이다. 사실 그는 어떤 점에서는 다른 사도들보다 자신이 우월하다는 것을 느끼고 있다. 그러한 사실을 자기 자신은 인정하지만, 자만한 말로 타인의 감정을 상하게 하지 않도록 우신이라는 겉옷을 입어 스스로를 감춘 것이다. 그는 우신만이 타인의 감정을 건드리지 않고 진실을 말할 수 있는 특권을 가졌다는 사실을 알았기 때문에 스스로 미치광이라고 말한 것이다."

사도 바울로가 이 문장에서 말하고자 한 의미에 대해서는 토론에 부치겠다. 세상에는 권위의식에 가득 찬 풍채 좋고 위대한 신학자들이 있으니 나는 오로지 그들을 따르고 싶다. 학자들이 대부분 그러하듯, 그들은 세 가지 언어를 구사할 줄 아는 신학자들과 함께 진실을 주장하는 것보다 오류를 범하는 것을 더 좋아한다. 그리스어풍으로 글을 쓰는 시시한 학자들에 대해서는 티끌만큼도 진지하게 여기지 않는다. 신중해야 하므로 그 이름은 침묵하겠지만, 위대한 어느 신학자(아마 그리스어 학자들은 당장이라도 그를 리라를 켜는 당나귀라고 그리스식으로 조롱할 것이다.)는 이 문장에 신학자답게 위엄 있는 해석을 달아놓았다. '나는 어느 누구보다 더 미쳤기 때문에 미치광이처럼 말한다.' 라는 문장에서 이 신학자는 예측할 수 없는 한 이야기를 끌어냈다. 그는 이 이야기를 완벽한 변증법으로 썼는데, 여기서 그는 자신의 해석을 새로운 방식으로 제시하였다. 그 형식과 내용을 원문대로 인용해보자. "나는 미치광이처럼 말한다. 다시 말해서 내가 만약 가짜 사도들과 나를 동일시하면서 당신들에게 헛소리를 하는 듯 보인다면, 나 스스로는 그자들보다 내가 더 낫다고 생각해도 당신들에게는 내가 더 현명해 보이지 않을 것이다." 그러고 나서 그는 자신이 말하려는 주제를 잊고 다른 이야기로 넘어가 버린다.

64.

그런데 내가 왜 이 한 문장 때문에 이렇게 힘들어야 하는가? 신학자들은 각자 자신들에게 하늘, 즉 《성경》을 해석할 권리가 있다는 것을 잘 알고 있다. 《성경》은 마치 그들이 마음대로 잡아 늘일 수 있는 가죽 같다. 《성경》에서는 사도 바울로의 말과는 다른 모순들이 있는데, 현실에서 그런 모순은 존재하지 않는다. 다섯 개의 언어에 정통하던 성 히에로니무스의 말을 믿는다면, 사도 바울로는 우연히 아테네에서 한 제단에 새겨진 비명碑銘을 보았는데, 그것을 그리스도교 신앙에 유리하도록 고쳤다는 것이다. 자신의 주장에 해가 되는 단어들은 모두 빼버리고 마지막 두 단어, '미지의 신에게'라고 쓰인 것만 남겨두었다는 것이다. 게다가 그는 그 비문을 약간 고치기도 했다고 한다. 원래의 비문에는 '아시아, 유럽, 아프리카의 신들에게 그리고 이방의 미지의 신들에게'라고 쓰여 있었기 때문이다. 이런 예에서 보듯, 신학자 부류는 여기저기 문맥에서 몇몇 단어를 떼어내 자신들의 논리에 맞도록 의미를

바꾼다. 앞의 말과 뒤따르는 말이 아무 관련이 없어도, 심지어 서로 모순된다 해도 그것이 그에게 무슨 상관이 있겠는가. 신학자들의 이런 뻔뻔스러운 소행은 그동안 무수히 성공을 거두어왔기 때문에 종종 법률학자들의 부러움을 자극하기도 한다.

이 위대한…… (또 이름을 말할 뻔했다. 하지만 또다시 리라를 들먹거리며 비웃지는 않겠다.) 학자가 물과 불처럼 그리스도의 정신과 조화를 이루는 구절을 〈루가의 복음서〉에서 발췌하는 것을 본다면, 그들이 할 수 없는 것은 없으리라 생각된다. 극한 위기에 맞닥뜨려 충직한 신복들이 주인을 에워싸고 전력을 다해 싸우려고 할 때 그리스도는 이 신복들의 마음속에서 인간에게 도움을 받고자 하는 기대를 없애려고 하셨던 듯, 자신의 복음을 전하도록 그들을 파견한 이래로 부족한 것은 없었는지 물었다. 그들은 여비도 없이, 가시덤불과 거친 조약돌로 가득한 길을 헤쳐 나갈 때 발을 보호할 신발도 없이, 배고픔에 대비하여 요깃거리를 채운 배낭도 없이 길을 나섰기 때문이다. 그러나 제자들이 아무것도 부족하지 않다고 대답하자, 그리스도는 말하였다. "지금은 돈주머니가 있는 사람들은 그것을 가지고 가고 식량자루도 가지고 가거라. 또 칼이 없는 사람은 겉옷을 팔아서라도 칼을 사 가지고 가거라."(《루가의 복음서》 22장 36절) 이렇듯 그리스도의 가르침은 오직 온유와 인내를 갖고 삶에 대한 욕망을 버리라는 것이니, 그 누가 그 말의 의미를 이해하지 못하겠는가? 그는 자신이 보낸 자들이 신발뿐만 아니라 배낭, 옷까지 버리고 알몸이 되어 모든 것에서 벗어나 오로지 복음 전파의 사명에만 전념하기를 바랐다. 그의 사도들은 오로지 수중에 칼 한 자루만 지녀야 하는데, 이것은 강도나 부모 살해범을 처단하는 데 쓰고자 하는 것이 아니라, 정신의 검으로서 양심의 깊은 곳까지 파고들어 모든 사악한 정념을 마지막 한 조각까지 도려내 오로지 마음속에는 경건한 신앙만을 남겨두기 위해 사용해야 하는 칼인 것이다.

그런데 이 심오한 문장을 이 유명한 신학자가 어떻게 왜곡하는지 보자. 그에 따르면, 이 칼은 박해에 저항하여 자신을 보호하는 칼이고, 배낭은 충분히 넉넉한 식량을 의미한다. 마치 그리스도가 완전히 생각을 바꿔 이전의 가르침과 자신이 한 말을 취소하고, 사도들로 하여금 너무 위엄을 갖추지 못한 채 길을 떠나게 했음을 후회라도 했다는 듯이! 그리스도가 사도들에게 모욕과 고통의 대가로 영원한 행복을 누리리라 말한 사실을 잊었단 말인가? 행복은 난폭한 자들이 아니라 온화한 사람들의 것이니 사도들로 하여금 사악한 자들에게 저항하지 말라 한 것과 백합과 참새를 모범으로 삼으라 한 사실을 잊기라도 했단 말인가! 그리고 그리스도가 그들이 칼 없이는 길을 떠나지 못하게 했고, 필요하다면 겉옷이라도 팔 것이며, 무장하지 않으려면 차라리 알몸으로 떠나라고 한 구절을 살펴보자. 우리 신학자들은 이 칼이라는 명사가 공격을 막아낼 모든 것을, 배낭이라는 명사가 삶의 필수품과 관계된 모든 것을 의미한다고 이해했다. 이렇게 성스러운 사상을 가진 해석자는 십자가에 못 박힌 예수 그리스도의 복음을 전하기 위해 사제들이 창과 투석기, 투석 돌과 새총 등으로 무장한 모습과, 또 한껏 잘 먹지 않고는 결코 여관을 나서지 않을 정도로 배를 채우고 지갑과 주머니를 차고 짐을 지고 있는 모습을 보여준다. 바로 조금 뒤에 그리스도가 간절한 어조로 그토록 강력히 사라고 권유했던 그 칼을 칼집에 다시 넣으라고 명령하는 구절이 있는데도, 이 신학자는 결코 동요하지 않는다. 우리는 사도들이 이교도들의 폭력에 저항하기 위해 칼과 배낭을 사용했다는 말을 결코 들어본 적이 없다. 만약 그리스도의 생각이 이 신학자들의 생각대로라면, 사도들은 분명히 칼을 들어 무력을 행사했을 텐데 말이다. 예의상 이름을 거론하지는 않겠지만, 결코 삼류가 아닌 또 다른 학자는 살가죽이 벗겨지는 고문을 받은 성 바르톨로메오●의 ‘가죽’이라는 단어와 하바꾹●이 말한 "미디안●의 장막이 찢어지다."(《하바꾹》 3장 7절 참조)에서 ‘장막’이라는 단어를 혼동했다.● 이것은 흔히 보는 일이다. 언젠가 신학 논쟁에 참석했을 때였다. 어떤 사람이 이단자들을 대화로 설득하기보다는 차라리 화형에 처하라고 한 구절이 《성경》의 어느 부분에 있는지 알고 싶어 했다. 이때 신학자인 듯 보이는 눈썹을 한 엄격한 분위기의 노학자가 격한 어조로 이 율법은 사도 바울로가 "이단자는 한두 번 경고해보고 그래도 말을 듣지 않거든 그와 관계를 피하시오 devita."(《디도에게 보낸 편지》 3장 10절 참조)라고 말한 것에서 비

롯한 것이라고 대답했다. 노학자가 큰 소리로 반복해 대답했기 때문에 모두 놀랐고, 다들 그가 돈 것이 아닌가 생각했다. 그는 또다시 "이단자는 삶vita에서 파문해야 한다."라고 소리쳤는데, 이것은 그가 데비타 devita를 데 비타de vita로 이해하여 번역했기 때문이다. 몇몇 사람들은 웃었으나, 이 해석이 극도로 신학적인 것이라고 주장하는 사람도 있었다. 이렇게 사람들이 저마다 주장을 펼치는 가운데, 거부할 수 없는 압도적인 권위를 갖춘 테네도스° 변호사가 갑자기 끼어들며 말했다. "잘 들으시오. 이렇게 쓰여 있소. '해로운 자는 살려두지 마라!' 그런데 이

단자들이란 해로운 자들maleficus이니……." 그러자 곧 이 뛰어난 삼단
논법을 칭송하는 소리들이 울려 퍼지며, 참석자들이 모두 묵직한 신발
을 구르며 열광하였다. 그런데 이 율법은 실상 마녀나 점쟁이, 마법사
등과 관련하여 생긴 것으로, 히브리인들은 말레피쿠스maleficus라는 단
어로 마법사 무리를 지칭한다는 사실을 아무도 생각하지 못한 것이다.
다시 말해서, 이 신학자들은 간음한 자나 과음한 자들처럼 해로운 자
들을 사형에 처하는 오류를 범할 수도 있었다는 말이다.

65.

이런 이야기를 계속하면 아마도 내가 분별없어 보일 것이다. 이런
주제는 너무 광범위해서 크리시푸스와 디디무스●라도 전부 다루지는
못할 것이다. 나는 그저 이 신학자님들이 제 마음대로 해석해 대며 저
지르는 짓거리를 보여주기 위해서였으니, 무화과나무와도 같은 이 여
자 신학자●가 대담하게도 위험천만한 인용을 했더라도 너그러이 봐주
기를 바랄 뿐이다.

다시 사도 바울로의 이야기로 돌아가자. 그는 스스로에게 "그 어리
석은 사람들을 그렇게도 잘 받아주니"(〈고린토인들에게 보낸 둘째 편지〉 11장 19절)라
고 말하고, 조금 뒤엔 "나를 미치광이로 받아들여라."(〈고린토인들에게 보낸 둘
째 편지〉 11장 16절 참조) 이어서 "물론 내가 지금 하는 말은 주님의 명령을 받
고 하는 말은 아닙니다. 이렇게 장담하며 자랑하는 것은 내가 어리석어
서 하는 짓입니다."(〈고린토인들에게 보낸 둘째 편지〉 11장 17절) 또 "우리는 그리스도
를 위하여 바보가 되었고"(〈고린토인들에게 보낸 첫째 편지〉 4장 10절)라고 말했다. 우
신을 향해 이토록 많은 예찬을 하다니! 그것도 누구의 입에서 나온 예
찬인가! 좀 더 나아가면 그는 우신이 구원에 꼭 필요한 존재라고 규정

●크리시푸스와 디디무스 크리시푸스
는 스토아 학자이고, 디디무스는 아우
구스투스 황제 치하의 문법학자이자 비
평가. 이 두 학자는 수백 권 이상의 책
을 쓰고 수천 편의 글을 쓰는 등 방대한
저작으로 유명하다.

●무화과나무와도 같은 이 여자 신학자
쓸모없고 어리석은 우신 자신을 빗대어
한 말. 에라스뮈스의 《격언집》에 나오
는 비유인데, 여기서는 반어적으로 빈
정대는 어조로 쓰였다.

●죽은 뒤 부활한 예수가 엠마오에 나
타나 두 제자를 만났으나 그들이 예수
의 부활을 믿지 못하자 그들의 어리석
음을 한탄하며 한 말. 〈루가의 복음서〉
24장 25절.

●오리게네스 이집트 출신의 신학자. 그
의 신학 사상은 그리스도교와 그리스
철학을 접목. 융화한 것으로, 그 목적을
위해 사용한 방법이 《성경》의 비유적 해
석이었다.

한다. "정말 지혜로운 사람이 되려면 바보가 되어야 합니다."(〈고린토인들에게 보낸 첫째 편지〉 3장 18절) 〈루가의 복음서〉에서는 예수가 엠마오로 가는 길에 만난 두 제자를 "이 어리석은 자들아!"●라고 이르지 않았는가. 우리의 사도 바울로가 말하기를, 하느님도 약간 광기의 속성을 지녔다고 하니, 이것은 그리 놀랄 만한 일도 아니다. 그는 "하느님의 광기는 인간들의 지혜보다 더 현명하다."(〈고린토인들에게 보낸 첫째 편지〉 1장 25절 참조)라고 말한다. 오리게네스●는 사실상 신의 광기는 인간의 지혜로 가늠할 수 없다고 설명하였는데, 이것은 "십자가의 말씀은 세상을 살아가는 사람들에게는 광기나 다름없다."(〈고린토인들에게 보낸 첫째 편지〉 1장 18절 참조)라는 구절과 같은 의미다.

그런데 이토록 많은 증언을 하느라 애쓸 필요가 있는가? 그리스도는 성스러운 〈시편〉에서 아버지 하느님께 "아버지, 당신은 나의 어리석음을 알고 계시나이다."(〈시편〉 69편 5절)라고 말한다. 어리석은 사람들이 하느님께 늘 소중한 존재라는 것은 이유가 있는데, 바로 이 때문이다. 군주들은 지나치게 분별 있는 자들을 경계하고 두려워한다. 예컨대 카이사르가 술주정뱅이인 안토니우스는 전혀 두려워하지 않았으나 브루투스와 카시우스는 경계한 것처럼. 네로 황제는 세네카를 믿지 않았고, 디오니소스는 플라톤을 의심하였다. 이는 폭군들이 무식하고 통찰력 없는 자들만 좋아했기 때문이다. 그리스도 역시 자신의 지식만을 자부하는 현자들을 싫어하고 끊임없이 비난하였다. 사도 바울로는 솔직하게 단언하기를, "하느님께서는 이 세상을 위해 어리석은 사람들을 택하셨습니다."(〈고린토인들에게 보낸 첫째 편지〉 1장 27절 참조) 또 "하느님께서는 어리석음을 통해 세상을 구원하고자 하셨습니다."(〈고린토인들에게 보낸 첫째 편지〉 1장 21절 참조)라고 하였다. 하느님은 지혜로 세상을 바로잡을 수 없다는 것을 알았기 때문이다. 또 하느님은 직접 예언자의 입을 통해 이렇게 말하였다. "나는 지혜롭다는 자들의 지혜를 없애버리고 똑똑하다는 자들의 식견을 물리치리라."(〈고린토인들에게 보낸 첫째 편지〉 1장 19절) 하느님은 현자들에게는 구원의 신비를 감추고 아주 미천한 자들에게만 구원의 신비를 계시하고는 스스로 만족스러워한다. 여기서 아주 미천한 자들이라고 했는데, 그리스어에서는 미천한 자가 '미친 자, 미치광이'의 뜻이며, 이는 '현자'와 반대되기 때문이다. 무지한 군중의 보호자인 그리스도가 바리사이인,• 율법학자, 법률학자들을 가차 없이 꾸지람하는 내용의 복음서 구절들을 모아보자. "율법학자들과 바리사이파 사람들아, 너희들은 화를 입을 것이다."(〈마태오의 복음서〉 23장 13절 참조)라는 구절이나, "현자들이여, 너희는 화를 입을 것이다."(〈루가의 복음서〉 11장 44절 참조)라는 구절이 무엇을 의미하겠는가! 그리스도가 특히 좋아하는 무리는 아

카이사르
로마의 군인, 정치가. 크라수스, 폼페이우스와 함께 제1차 삼두정치를 이끌었다. 크라수스가 죽은 뒤 독재관이 됐으나 공화정치를 옹호한 브루투스 일당에게 암살되었다.
〈카이사르〉 신 카를스베르크 박물관(코펜하겐)

●**바리사이인** 기원전 1세기에서 기원후 1세기경 사두가이파와 함께 세력이 컸던 유대교의 일파. 율법을 철저히 지킨다는 형식적인 순수함을 근거로 해서 자신들을 우월하게 분리해 특수층으로 자처했다. 바리사이파는 사두가이파와 갈등을 빚었는데, 그것은 사두가이파가 천사나 영혼의 존재를 믿지 않고 구비전승도 부정한 데 반하여, 바리사이파는 율법과 동시에 구비전승을 믿었기 때문이다.

이들과 여자들 그리고 어부들이었다. 짐승 중에서도 신중한 여우와는 거리가 먼 동물을 좋아했다. 그래서 그리스도는 이동할 때 타는 짐승으로 당나귀를 선택했는데, 그가 원했다면 사자를 타고 오갈 수도 있지 않았을까! 성령은 독수리나 소리개가 아닌 비둘기의 형상으로 이 땅에 내려왔다. 《성경》은 사슴이나 아기 사슴, 새끼 양에 대해 자주 언급하고 있다. 그리스도가 영원한 생명을 주고자 하는 신도들 무리를 양 떼라고 불렀다는 사실을 주목하라. 그런데 사실 어떤 동물도 양보다 더 어리석지는 않다. 아리스토텔레스도 '양의 머리'라는 표현이 이 짐승의 어리석음에서 비롯한 것이며, 어리석고 머리가 둔한 사람들을 모욕할 때 사용된다고 확언하였다. 그런데 그리스도는 자신이 이런 양 떼의 목자라고 하였다. 또 자기 자신이 어린 양이라고 불리는 것을 마음에 들어 했다. 그래서 사도 요한은 그리스도를 가리켜 "바로 이분이

사도 요한
그리스도의 열두 제자 중 한 사람. 예수의 각별한 사랑을 받았다. 예수가 십자가에 못 박혔을 때 끝까지 남아서 그를 따랐다.
〈복음사가 성 요한〉 엘 그레코, 1595～1604년, 프라도 미술관(마드리드)

신의 어린 양이시라네.〞(〈요한의 복음서〉 1장 29절 참조)라고 칭하였고, 이 표현을 〈요한의 묵시록〉•에서 가장 즐겨 사용하였다.

　이 모든 것은 어리석음이라는 것이 모든 인간에게, 심지어 신앙 안에도 존재한다는 사실을 의미한다. 그게 아니라면 무엇이겠는가? 그리스도 자신은 아버지 하느님의 지혜를 타고났음에도 자신에게 내려진

●**요한의 묵시록**〈신약성경〉의 마지막 권. 예수의 제자 요한이 파트모스 섬에서 다분히 환상적인 계시를 받은 것을 적은 것이다.

아론
이스라엘 최초의 대사제. 동생 모세와 함께 이스라엘 민족을 이집트에서 탈출시켰다. 이때 실제 지도자는 모세였으나, 아론은 모세가 말을 더듬었기 때문에 그의 입 역할을 했다.
〈아론의 석회암 조각상〉 1170년경, 메트로폴리탄 미술관(뉴욕)

●**루시퍼** 그리스 로마 신화에 나오는 샛별(금성). 횃불을 들고 있는 남자의 모습으로 인격화된 루시퍼는 시詩에서는 새벽의 전령으로 자주 등장했고, 그리스도교에서는 타락하기 전 사탄의 이름으로 알려졌다.

●**다윗** 고대 이스라엘의 두 번째 왕. 제사제도를 만들었고, 예루살렘을 중심으로 유대교를 확립했다. 시인으로도 명성을 떨쳤고, 《구약성경》〈시편〉의 상당 부분도 다윗이 지은 것이라고 한다.

어리석음의 몫을 받아들였다. 그리하여 인간의 본성을 갖추고 "인간의 모습으로 나타나"(《필립비인들에게 보낸 편지》 2장 7절) 죄인들을 구원하기 위해 스스로 죄인이 된 것이다. 그는 오로지 십자가의 광기를 통해 무지하고 무례한 사도들의 도움을 받아 인간의 죄를 용서하고자 했다. 그리스도는 아이들, 백합꽃, 겨자씨, 참새처럼 어리석고 이성이 없는 모든 것들과 꾸밈없고 근심 없이 사는 모든 것들을 본보기로 제시하며 오직 자연만을 행동 원리로 내세우는데, 이처럼 그는 사도들에게 지혜에서 벗어나 어리석은 광기를 가지라고 간절히 권고한다.

또 사도들에게 법정에서 진술을 해야 한다 해도 불안해하지 말라고 주의를 준다. 시간에 얽매여 집착하거나 자신의 신중함을 믿는 것조차 금하고, 절대로 그리스도에게만 의지하게 한다.

바로 이것이 하느님이 세상을 창조했을 때 마치 지식이 행복의 독이 되는 것처럼 지식 나무의 열매를 맛보지 못하도록 금한 이유다. 사도 바울로는 지식이 해롭고 오만함을 키우는 것이라고 생각하여 그것을 공공연히 멀리했으며, 그를 따른 것으로 짐작되는 성 베르나르 역시 루시퍼●가 자리한 산을 가리켜 '지식의 산'이라 불렀다.

여기, 잊어서는 안 될 증거가 있다. 현자는 결코 용서를 받지 못하는데, 어리석음은 면죄를 받아 하늘에서 은혜를 누린다. 그 때문에 사람들은 고의적으로 죄를 짓고도 우신의 힘을 빌려 핑계를 대며 관용을 구한다. 내 기억이 맞다면, 《구약성경》의 〈민수기〉에서 아론이 다음과 같이 탄원하는 것도 마찬가지 맥락일 것이다. "우리의 영도자여, 우리가 어리석어서 저지른 이 잘못을 벌하지 마시오."(《민수기》 12장 11절) 마찬가지로 사울도 다윗●에게 잘못을 사죄하며 말한다. "내가 미치지 않고서야……."(《사무엘 상》 26장 21절) 그러자 이번에는 다윗이 그리스도에게 간청한다. "주여, 당신 종의 죄를 덜어주시기 바라옵니다. 제가 어리석게 행동하였나이다."(《사무엘 하》 24장 10절) 여기서 보듯 오로지 어리석음과 방

황을 핑계로 변명해야만 자비를 구할 수 있었던 것이 아닌가. 그런데 여기 더 간절한 것이 있다. 그것은 바로 그리스도를 십자가에 못 박은 저 죄인들을 위해 올린 그리스도의 기도다. "아버지, 저 사람들을 용서하여 주십시오!"(《루가의 복음서》 23장 34절) 그리스도가 그들을 위해 내세운 유일한 변명은 무지였다. "그들은 자기가 하는 일을 모르고 있습니다." 마찬가지로 사도 바울로도 디모테오●에게 이렇게 썼다. "그러나 그것은 내가 믿지 않을 때에 모르고 한 일이었기 때문에 하느님께서 나를 자비롭게 대해주셨습니다."(《디모테오에게 보낸 첫째 편지》 1장 13절) 여기서 '모르고'라는 것은 교활해서가 아니라 어리석어 죄를 지었다는 것을 의미하지 않겠는가? 또 '하느님께서 나를 자비롭게 대해주신 것'은 우신의 도움을 받지 않았다면 신은 나를 용서하지 않았으리라는 의미가 아니고 무엇이겠는가? 인용에서 누락되었지만 〈시편〉을 지은 신비로운 작가도 우리 편이다. 그는 이렇게 말한다. "젊어서 저지른 나의 잘 못과 죄를 잊어주소서."《시편》 25편 7절) 당신들은 그의 이런 두 가지 뉘우 침을 이해할 것이다. 나와 늘 함께였던 그의 어린 시절과 그가 저지른 무수한 어리석음은 광기의 힘을 적나라하게 모두 보여주고 있다.

<h2 style="text-align:center">66.</h2>

이렇게 한없이 횡설수설하는 것은 이제 그만두고 이야기를 요약해 보자. 그리스도교는 지혜와는 거의 관계가 없고 오히려 광기와 더 뚜 렷한 관계를 맺고 있는 듯하다. 그 증거를 원하는가? 먼저 아이들과 노 인들, 여자들과 순진한 사람들이 종교 의식이나 종교적인 것에서 다른 어떤 것에서보다 진한 즐거움을 찾는다는 사실에 주목하자. 그들은 오 로지 자연적인 충동과 감정에 이끌려 늘 제단 가까이 가기를 원한다. 또 초기 그리스도교 창시자들은 놀랄 만큼 단순하여 학문에 대해서는 가차 없이 적대적이었다는 사실에도 주목하자. 마지막으로 온 열정을 그리스도교 신앙에 쏟고 있는 사람들이 가장 도가 지나친 미치광이들 이 아니겠는가? 그들은 재산을 탕진하고, 타인의 모욕에도 무심하며, 배신행위도 참아내고, 친구와 적을 구별하지도 않는다. 또 그들은 쾌 락을 혐오하고, 지겹도록 단식과 밤샘, 노동을 하며, 눈물과 굴욕을 실 컷 맛본다. 삶에 염증을 느끼는 그들은 초조하게 죽음을 기다린다. 한 마디로 그들은 인간적 감정 모두를 박탈당한 것이나 다름없다. 마치 정신이 육체를 벗어나 다른 곳에 존재하기라도 하는 듯 말이다. 그러 니 이들이 미치광이가 아니라면 무엇이란 말인가?

그리고 보니 사도들이 달콤한 포도주에 취한 사람들처럼 보인 것 도, 재판관 페스도●가 사도 바울로를 미치광이로 취급한 것도 그리 놀랄 만한 일이 아니다. 그렇지만 내가 이왕 사자의 가죽을 뒤집어쓰고 있으니,* 당신들에게 한 가지 더 알려주겠다. 그리스도교 신자들이 그토록 많은 시련의 대가를 치르면서까지 추구하고자 하는 행복은 일종의 정신착란과 광기일 뿐이라는 것이다. 이 말의 의미가 무엇인지 의심하지 말고, 차라리 현실을 검토해보라. 무엇보다 먼저 그리스도교 신자들은 플라톤주의자들과 공통된 교리를 가지고 있다. 그것은 육체의 굴레에 구속되어 움직이지도 못하고 물질로 인해 무거워진 정신은 결코 진실을 있는 그대로 바라볼 수도, 즐길 수도 없다는 것이다. 또 그들은 철학을 죽음에 대한 명상이라고 정의한다. 왜냐하면 철학은 가시적인 물질로부터 영혼을 분리하기 때문인데, 이것은 죽음에 이르는 과정이기도 하다. 그래서 오래전부터 사람들은 영혼이 정상적으로 육체의 각 기관을 사용하는 동안은 건강하다고 말했지만, 반대로 영혼이 육체와의 관계를 끊으려 할 때, 영혼이 육체를 벗어나 그 감옥에서 도망치려 할 때는 그것을 광기라 불렀다. 만약 이런 욕망이 병이나 혹은 신체기관의 결점과 동시에 발생하면 더 망설일 것이 없다. 다들 알다시피, 이런 사람들은 미래를 예언하고, 전에 결코 배운 적 없는 몇 가지 언어와 문학에 정통하게 되며, 그들 안에서 어떤 신성한 기운이 발현되기도 한다. 신체와의 접촉으로 부분적으로 정화된 그들의 영혼이 타고난 에너지를 펼치기 시작하는 것이 틀림없다. 내 생각인데, 이와 동일한 원인이 죽어가는 사람에게도 작용하여 그와 비슷한 능력을 드러내고, 간혹 영감을 얻은 예언자처럼 말하게 만들기도 한다.

이런 효과를 일으키는 종교적 열정은 우리의 광기와 완전히 동일하지는 않지만 매우 비슷해서 사람들은 대부분 혼동을 일으킨다. 특히 그들의 생활방식으로 인해 일반 사람들과는 전적으로 거리를 두고 있는 이 불쌍한 사람들의 수가 적기 때문에 우리는 두 가지 광기를 그만큼 더 혼동한다.

여기서 나는 동굴 안에서 사슬에 묶여 있는 죄수들에 대한 플라톤의 비유를 떠올렸다. 동굴 안에 있는 죄수들은 사물의 그림자만을 볼 수 있었다. 그런데 그들 가운데 도망쳤다가 동굴로 다시 되돌아온 어떤 사람이 사물들의 실체를 보았다고 이야기하며, 저 하찮은 그림자 너머에 아무것도 존재하지 않는다고 믿었던 자신들이 얼마나 큰 오류를 범했는지를 알려주었다. 사실을 알아차린 그는 동료들을 동정하고, 자신들을 그런 환상 속에 가둬두었던 어리석음을 개탄했지만, 오히려 그의 동료들은 그의 망상을 비웃으며 그를 내쫓아버렸다. 보통 사람들도 대부분 이와 동일하다. 그들은 물질적인 것에 몹시 집착하고, 그것들만이 존재한다고 믿는다. 반면 경건한 사람들은 육체와 관련된 모든 것을 무시하고, 눈에 보이지 않는 것들을 명상하는 것에 열광한다. 전자는 무엇보다 부에 사로잡혀 있고, 육체의 안락함에 관심을 둔다. 그들은 가장 마지막으로 영혼을 생각하는데, 영혼은 눈에 보이지 않기 때문에 대부분 믿지 않는다. 반대로 후자는 모든 존재들 가운데 가장 순수한 하느님을 향해 전력을 다하고, 다음으로 하느님과 가장 가까운 것, 말하자면 영혼의 문제에 온 힘을 기울인다. 그들은 인간의 육체에 대해서는 염려하지 않으며, 돈을 경멸하고 전염병을 대하듯 도망친다. 할 수 없이 돈을 소유해야 할 경우엔 마지못한 척 받아들이면서도 거부감을 보인다. 그들은 그런 것들을 가지고 있으면서도 가지지 않은 것처럼 행동하고, 소유했으면서도 소유하지 않은 듯 행동하는 것이다.

물론 정도의 차이는 있다. 우리의 모든 감각은 육체와 관계있지만 촉각·청각·시각·후각·미각 같은 좀 더 물질적인 감각이 있는가 하면, 기억·지성·의지처럼 육체와는 관계가 덜한 감각도 있다. 경건한 사람들은 온 힘을 다해 본능적인 감각과 가장 무관한 것들을 향해 나아가려 하며, 본능적 감각을 둔화해 없애버린다. 반면 보통 사람들은 이 감각들을 잘 사용하며, 나머지 감각에는 강하지 못하다. 성인들이 기름을 포도주로 알고 마실 수 있었다는 이야기를 들어본 적이 있는가? 게다가 영혼의 정념들 가운데 성욕, 식욕, 수면욕, 분노, 자만, 질투심 같은 욕구들은 육체의 본능적인 부분과 더욱 밀접하게 연결되어 있다. 신앙심은 이런 욕구들과 강렬하게 맞서 투쟁하지만, 보통 사람들은 이런 본능적인 욕구들 없이 살아갈 수 없을 것이다.

그 다음으로 중간적이고 자연적인 감정이 있는데, 조국애나 자식과 부모, 친구들에 대한 애정이 여기에 해당한다. 사람들은 대부분 이런 감정에 이끌린다. 그러나 경건한 사람들은 이런 감정을 뿌리 뽑으려 하거나, 아니면 이런 감정을 영혼의 끝까지 끌어올리려 한다. 그들은 아버지를 사랑하지만, 그건 아버지이기 때문에 사랑하는 것이 아니다. 그는 자신의 육신을 낳아주었지만, 그 역시 신성한 아버지 하느님에게서 태어났기 때문에 그를 사랑하는 것이다. 그들은 아버지를 올바른 인간으로 사랑하며, 그의 눈에서 그들을 최상의 선善이라 부르는 지고한 지혜의 이미지가 빛나고 있음을 본다. 그들은 지혜를 벗어나서는 사랑하고 탐할 만한 아무것도 발견하지 못한다. 이런 원칙에 따라 그들은 삶의 모든 의무를 조절한다. 눈에 보이는 것들을 항상 경멸해서는 안 되지만, 적어도 그것들이 눈에 보이지 않는 것들보다 훨씬 더 하급에 속하는 것으로 봐야 할 것이다. 그들은 또 성사 자체와 신앙심을 실행하는 데도 육체와 정신의 구별이 있다고 말한다. 단식을 예로 들면, 보통 사람들이 단식에서 가장 중요하다고 생각하는 고기와 식사를 금하는 것에 그들은 거의 의미를 부여하지 않는다. 그들은 단식과 동시에 정념들을 잘라내고, 격정과 교만을 제어하며, 육체의 무게를 덜어내 정신이 천상의 행복을 맛보고, 소유하는 경지에 이르고자 한다.

미사에 대해서도 마찬가지다. 그들은 미사 예식의 외적인 부분을 가벼이 여기지는 않지만, 만약 미사가 눈에 보이는 표상들이 드러내는 정신적 요소를 담고 있지 않다면 유일하지 않을 뿐더러 심지어 해로운 것이라고 말한다. 미사는 그리스도의 죽음을 형상화하는 것인데, 신자들은 미사를 통해 육체의 정념을 자제하고 소멸하여 매장함으로써, 그들 안에서 그리스도의 죽음을 재현해야 한다. 이로써 신자들은 새로운 생명으로 다시 태어나고, 그리스도와 일체를 이룰 수 있다는 것이다. 경건한 사람들은 그렇게 생각하고 행동한다. 반면 군중들은 미사 예식에서 가능한 한 제단 앞에 가까이 가려 하고 성가를 들으며 소소한 의식에 참석하는 것들 외에는 별다른 의미를 찾지 못한다.

나는 방금 몇 가지 예를 들었다. 경건한 사람들은 일생 동안 육체적인 것과는 멀리 떨어져 일정한 거리를 유지하면서 정신적이고 보이지 않는 것을 향해 나아간다. 결국 서로 미치광이라는 인상을 주는 사람들 간에는 계속해서 의견 대립이 있겠지만, 나는 미치광이라는 말은 경건한 사람들에게 좀 더 정확히 들어맞는다고 생각한다.

67.

경건한 사람들이 기대하는 최상의 보상이 일종의 광기에 불과하다는 것을 그저 몇 마디 말로 내가 증명해 보인다면, 당신들은 그것을 좀 더 확실하게 믿을 것이다. 플라톤도 연인들의 강렬한 감정이 모든 것 가운데 가장 행복한 것이라고 하면서 이와 비슷한 꿈을 꾸었다는 것을 생각해보라. 사실 열정에 사로잡힌 연인은 더 이상 자기 자신 안에 살지 않고 사랑하는 대상 속에서 온전히 살아간다. 자신에게서 벗어나면 벗어날수록 더더욱 사랑하는 대상 속으로 녹아들면서 끝없는 행복을 느낀다. 이렇게 영혼이 육체를 벗어나고자 하여 자신의 신체기관을 정상적으로 사용하기를 포기할 때, 사람들은 당연히 그의 영혼이 길을 잃고 방황한다고 판단하게 된다. 흔히 쓰이는 "그는 제정신이 아니다!" "정신 좀 차려라." "제정신으로 돌아왔구나."와 같은 표현이 그런 의미를 나타내는 것이다. 사랑이 완전하면 할수록 사랑하는 이들의 방황은 더 길고 달콤하지 않은가.

그러면 경건한 영혼들이 그토록 간절히 열망하는 천국의 삶이란 과연 어떤 것인가? 육체보다 강하여 승리한 영혼은 당당히 육체를 흡수해버릴 것이다. 영혼은 인간이 살아가는 동안 육체를 정화하고 끝까지 이용하면서 육체로 하여금 변화할 수 있도록 잘 준비해놓은 만큼, 더욱 쉽게 육체를 병합할 것이다. 그리고 영혼 또한 자신의 차례가 되면 무한한 힘을 가진 최고의 지혜에 흡수되게 마련이다. 이렇게 하여 인간은 자기 자신에게서 완전히 벗어나게 될 것이다. 그들을 행복하게 만드는 유일한 이유는 더 이상 자기 자신이 아니라는 것, 모든 것을 자신에게로 불러 모으는 말로 표현할 수 없는 지고의 선善에 복종하는 것이다.

사실 이런 더없는 행복은 불멸성을 부여받은 영혼들이 자신의 예전 육체를 다시 취하는 순간에만 완전해질 수 있다. 그렇지만 신앙심 깊은 사람들의 삶은 영원에 대한 명상일 뿐이기에 마치 영원의 그림자를 보듯 미리 그 행복의 향내를 조금 맛보는 경우도 있다. 행복의 보잘것없는 그림자는 끝없는 행복의 고갈되지 않는 샘물에 비교하면 단 한 방울에 지나지 않지만, 그들의 즐거움이 고작 한 방울에 뒤섞여 있다 할지라도 이 한 방울의 행복이 지상의 모든 행복보다 더 바람직하다. 그만큼 정신적인 것은 물질적인 것보다 우월하며, 눈에 보이지 않는 것은 보이는 것보다 우월하다! 이는 예언자들의 약속이다. "사람의 눈으로 보지 못하고 귀로 듣지 못하고 마음으로도 느끼지 못한 것을 하느님께서는 자신을 사랑하는 자들을 위해 마련해주신다."(《이사야》 64장 3절 참조) 광기란 바로 이런 것이 아닌가. 광기는 결코 끝나지 않으며, 이승에서 저승으로 나아가면서 완성된다.

이런 감정을 소유한 귀한 특권을 가진 사람들만이 이런 광기를 경험한다. 그들은 인간성과 관계없는 일관성 없는 말들, 의미 없는 공허한 말들을 지껄여 댄다. 또 매순간 얼굴 표정이 바뀌고, 때로는 즐겁고, 때로는 슬프며, 웃다가, 울다가, 한숨을 쉬기도 한다. 그들은 진짜 제정신이 아니다. 제정신이 들어도 그들은 자신이 어디에 갔었는지, 육신 안에 있었는지, 육신 밖에 있었는지, 깨어 있었는지, 아니면 잠들어 있었는지 말하지 못한다. 그들은 무엇을 듣고, 보고, 말하고, 행동했는가? 그들은 그저 구름 속을 걷듯 희미하게 기억하거나 아니면 꿈인 듯 떠올린다. 그들은 단지 그들이 미쳐 있었던 동안 행복했다는 것을 알 뿐이다. 그리하여 제정신으로 돌아온 것을 유감스럽게 여기며, 영원히 미치광이가 되는 것, 그것을 바란다. 그들은 미래의 행복을 미리, 단지 아주 조금 맛보았을 뿐인데 말이다!

68.

나는 오랫동안 나 자신을 잊고 '내 한계를 넘어서고' 말았다. 내 연설이 지나치게 격정적이라거나 수다스럽다고 여겼다면, 내가 여신이라는 점을 기억하라. 그리고 내 연설에서 여자들만이 제외되었다고 생각하지 말고, "종종 미치광이들이 이치를 잘 따진다."라는 그리스 속담을 떠올려보라. 내가 보기에 당신들은 어떤 결론을 기대하고 있는 것 같다. 그러나 이렇게 한바탕 객설을 쏟아내고 나서 내가 한 말을 기억하리라 생각한다면 당신들이야말로 정말 미치광이다. 옛말에 "기억을 잘하는 손님은 싫다."*라고 하지 않았던가. 내가 새롭게 덧붙이자면, "난 기억을 잘하는 청중이 싫다."라고 하겠다.

그럼 잘 가시길! 나, 우신의 교리를 전수받은 훌륭한 입문자들이여, 박수를 쳐주시게. 또 행운을 누리시게. 그리고 축배를 드시게!

● 그리스 속담인데 에라스뮈스의 《격언집》에 인용되어 있다. 관련된 이야기는 다음과 같다. "프로실이여, 지난밤 나는 너에게 말했다. 오늘 나와 함께 저녁식사를 하자고. 그러자 너는 일이 다 된 줄로 알고 이 주정뱅이의 말을 기억해두었다. 그 말을 믿다니. 그건 너무 위험하다. 프로실이여, 나는 잊지 않는 손님을 싫어한다."라고 소개돼 있다.

"삶이 서글프면 그것은 인생이라 할 수 없다." 〈축제〉 메소니에

에라스뮈스 연보

1466년 / 1469년 10월 27일	네덜란드 로테르담에서 태어남. 가톨릭 사제가 된 헤르하르트와 의사의 딸인 마가레트 사이에서 태어난 둘째 아들이었지만 곧 사생아가 됨. 어린 시절 데벤테르에 위치한 공동생활형제단에서 수학함. 그 후 부아르뒤크에 있는 형제단 학교에서 2년간 수학함.
1485~1492년	스테인에 있는 아우구스티누스 수도회의 수습 수도사로 수련하다, 1492년 성직에 임명됨.
1493년	캉브레 주교의 비서가 돼 그를 보좌함.
1494~1495년	소책자 《야만인들에 반하여》 출간함.
1495년	캉브레 주교의 도움으로 파리 대학에서 신학을 공부하게 됨.
1497~1500년	《대화록》과 《격언집》 초판 출간함.
1497년	영국을 방문하고 토머스 모어를 만남.
1504년	《엔키리디온》 출간함.
1505년	《격언집》 재출간함. 두 번째로 영국을 방문해 영국의 그리스어 학자들과 친분을 쌓음. 토머스 모어와 함께 루키아노스의 《대화집》을 라틴어로 번역함.
1506~1509년	피렌체, 볼로냐, 베네치아, 파도바, 시에나, 로마와 나폴리 등을 거치면서 이탈리아에 체류함. 이탈리아 토리노에서 신학박사 학위를 받음.
1508년	이탈리아의 알두스 출판사에서 《격언집》 재출간함.

1515년	스위스 바젤에서 《격언집》 개정판 출간함.
1516년	《신약성경》 출간함. 《신약성경》 출간 이후 이에 대한 거센 비난은 물론 신학적인 정통성까지 의심받게 됨. 이에 문제가 제기된 부분에 대해 자신의 주해를 확장하여 《신약성경》(1519) 재출간함. 《신약성경》에 대한 변호서인 《변명》 출간함. 《그리스도교 군주 교육론》 출간함.
1517년	《평화에 대한 호소》 출간함.
1518년	《대화록》과 《신학방법론》 출간함.
1522~1529년	바젤에서 체류함.
1522년	《대화록》 재출간함.
1522~1524년	교회의 관행을 빗댄 신랄한 몇 편의 《대화록》 추가로 출간함.
1523년	《신학방법론》 재출간함.
1524년	루터의 《그리스도인의 자유》에 반박해 《자유의지론》 출간함. 이 책의 주장과 반박을 시작으로 두 사람 간의 견해 차이와 설전이 시작됨.
1529년	《소년 교육론》 출간함.
1533년	《교회 일치 회복론》 출간함.
1535년	《교리문답》 출간함.
1536년 7월 12일	스위스 바젤에서 세상을 떠남.

옮긴이의 말

《우신 예찬》은 에라스뮈스가 1506년에서 1509년에 이르는 3년 동안 이탈리아에 체류한 경험과 영국 여행 중 받은 인상과 기억을 토대로 하여 쓴 풍자 글이다. 이탈리아에 머무는 동안 그는 명성을 얻었고, 집필 활동의 영역도 넓혔으며, 추기경을 비롯해 인문주의자 친구들과 친분을 나누며 유익한 시간을 보냈지만, 동시에 로마 교회의 잔혹함과 부조리를 목격하면서 큰 충격을 받았다.

영국에 도착한 에라스뮈스는 토머스 모어의 집에 머물면서 일주일 정도의 짧은 기간 동안 그간의 사색을 신들린 듯 써내려갔는데, 그것이 바로 《우신 예찬》이다. 이때가 1509년 8월경이며, 책의 제목은 그리스어로 《Encomium Moriae》라고 했다. 그는 이 글을 변함없는 우정을 나눈 토머스 모어에게 헌정한다. 사려 깊고 너그러우며 유쾌한 친구인 토머스 모어More의 라틴어 이름이 모루스Morus여서 라틴어로 우신을 뜻하는 모리아Moria와 유사하기 때문에 에라스뮈스는 《우신 예찬》을 쓰는 내내 모어를 생각했고, 또 어떤 의미에서는 이 글이 모어를 예찬하는 글이기도 하다고 말했다. 프랑스에서 《우신 예찬》은 1511년에 출간됐는데, 출간되자마자 단숨에 팔려 나갔으며, 이후 재판을 거듭하고 유럽 각국어로 번역되는 대단한 성과를 거둔다.

번역을 진행하는 내내 사실 책 제목을 결정하는 문제로 적잖이 고심을 했다. 일반적으로

이 책은 《바보 예찬》이나 《광인 예찬》, 《광우 예찬》, 《우신 예찬》이라는 여러 제목으로 알려졌는데, 그중 가장 적합하다고 생각되는 제목을 선택해야 했기 때문이다. 프랑스어 제목인 《Éloge de la Folie》에서 'folie'란 '광기', '광증'이라는 의미에서부터 '비이성적이거나 불합리한 것', '어리석음'이나 '터무니없음'을 뜻하며, 때에 따라서는 '도를 넘어서는 열정'을 말하기도 하는데, 《우신 예찬》에서는 이 모든 의미가 다 언급되고 있다. 또 별면에서도 소개했듯 이 책은 순수하고 어리석은 인간 본질에 대한 예찬이자, 바보들의 신神이자 어리석은 신인 모리아 여신 자신에 대한 자찬의 글이기 때문에 제목에 신神이라는 의미가 반드시 들어가야 한다고 생각했다. 사실 '광우 여신 예찬'이란 제목이 의미상으로는 가장 흡사하지만, 자연스러운 어감을 고려해 결국 '우신 예찬'이라고 정했다.

이 책에서는 세상의 어리석음, 바보, 미치광이 광인들이 예찬의 대상으로, 경우에 따라서는 반어적으로, 또 다의적으로 사용된다. 그렇기 때문에 이 책을 읽을 때는 문맥에 따라 의중을 살펴야 하는데, 그 점이 또한 이 책을 읽어 나가는 독서 포인트이며 재미이기도 하다.

사실 에라스뮈스는 《우신 예찬》을 자신의 대표작이라거나 걸작으로 생각하지 않았다. 그 자신도 그저 여행 중 심심풀이로 머리를 식히려 구상한 뒤 일필에 써나갔노라고 고백한다. 그런데 그렇게 쓰인 이 작은 책의 파급 효과와 영향력이 유럽 전역을 뒤흔들어놓았다는 사실에 우리는 놀라지 않을 수 없다. 《우신 예찬》에서 보이는 그리스도 교회의 온갖 폐습에 대한 풍자와 고발은 종교계를 긴장시켰고, 실제로 종교개혁자들의 의견에 힘을 실어주는 계기가 됐다. 이로써 종교개혁과 반종교개혁, 두 흐름 간의 설전이 시작됐다.

실상 에라스뮈스는 이 두 흐름 가운데 어느 편으로도 치우치지 않았다. 그는 "어떤 교파에도 가담하지 않을 것이며, 로마에서도 떨어져 나오지 않을 것이다."라고 말했고, 오로지 그리스도교가 복음주의의 순수한 정신을 지향해 나갈 것을 주장했다. 그럼에도 가톨릭 측에서는 그의 주장이 루터를 낳았다고 비난했으며, 루터와 그 지지자들은 회의주의자라고 그를 내몰았다. 결국 에라스뮈스의 《우신 예찬》은 종교개혁과 반종교개혁의 피비린내 나는 갈등과 신·구 대립을 야기한 핵심 기운으로 판단돼 1542년 1월 파리의 소르본 대학 신학부로부터 금서 판결을 받았고, 1554년에는 교황 율리오 3세로부터 금서 처분을 받았다. 심지어 에라스뮈스가 죽은 후에도 교황 바오로 4세는 그를 이단자로 선포했다.

놀라운 것은 《우신 예찬》이 이렇듯 금서 처분을 받고 에라스뮈스는 이단자 취급을 받았는데도 책의 내용 중 이단으로 판단될 위험이 있거나 혐의가 있는 부분은 삭제돼 17세기에도 계속 이 책이 출간됐다는 사실이다. 또 《우신 예찬》이 단순한 웃음과 농담이 아닌 해학과 풍자의 탈을 쓰고 있으며, 그리스·라틴 문학과 철학은 물론 《성경》에 이르는 지적 유희를 도처에 드러내 지적 흥미로움을 적절히 이끌어내는 것도 놀라울 정도다. 이런 기교를 통해 에라스뮈스는 다름 아닌 교회의 사제들, 지식인 현자들과 고관대작들의 부조리를 낱낱이 비판하며 이들에게 독설과 조롱을 가벼운 듯 신랄하게 퍼붓고 있다.

'걸어 다니는 사전'이라는 그의 별명에 걸맞게 《우신 예찬》에서는 시대를 뛰어넘는 인용과 우화, 상징이 넘쳐나기 때문에 독자들이 이 책을 가볍게 읽어 나가기에는 다소 어려움이 있을 것으로 판단했다. 그래서 많은 설명과 각주를 달았는데, 이런 노력이 독자들에게 이해의 폭을 넓히는 친절한 자료로 활용되기를 바란다. 각주와 설명의 상당 부분은 역자가 참고로 한 《Éloge de la Folie》의 주해자인 모리스 라트Maurice Rat의 것을 참고로 했다. 《우신 예찬》은 영어와 프랑스어로 출간된 여러 번역본이 있지만, 그 가운데 라틴어 원전에 가장 충실하게 번역됐다고 평가받는 프랑스어판, 피에르드 놀라크Pierre de Nolhac가 번역한 《Éloge de la Folie》(GF Flammarion, 1964)를 원본으로 삼아 번역했음을 밝힌다.

에라스뮈스를 번역하면서, 또 그에 관련된 전기와 관련 자료를 읽으면서 알게 된 것은 그가 정당하게 평가받지 못했다는 점이다. 가톨릭과 프로테스탄트, 양측 모두 그를 배척했기 때문이다. 물론 소수의 유럽 인문주의자들은 그를 진심으로 이해했고, 토머스 모어는 그를 지지했으며, 프랑스의 라블레 같은 작가의 문체는 그의 것을 빼닮았다고 할 수 있다. 또 그의 회의주의나 사물의 본질을 지향하려는 사상은 몽테뉴에게로 이어졌다. 그런데 현대에 와서 발표된 수많은 논문이 그의 사상을 바로 이해하는 길잡이가 되면서 시대를 앞서간 그의 사상과 고대의 루키아노스를 연상시키는 작가적 기질이 이제야 제대로 평가받는 것으로 보인다.

최근 많이 연구되는 에라스뮈스의 사상 가운데 시대를 뛰어넘어 가장 가치 있게 느껴지는 덕목이 있다면 바로 '관용'이 아닌가 생각한다. 당시 그는 자비와 관용이 없는 그리스도인들의 모습을 보며 "나의 작은 몸으로 이 분쟁을 완화할 수 있다면 좋으련만. 그럴 수만 있다면 얼마나 즐거이 나의 생명을 바칠 것인가." 하며 안타까워했다. 일생 동안 그는 신앙이란 신념이나 사상이 아니라 '헌신'이라고 말하면서, 이러한 종교의 본질과 관용을 실천한다면 그것이 바로 그리스도교의 복음에 다가서는 길이라고 강조했다.

1535년 7월, 그를 옹호하던 친구 모어가 런던에서 참수됐다는 소식과 종교라는 이름 아래 도처에서 화형과 참수형이 난무하는 것을 보며 그는 더욱 사회를 향해 관용을 당부했으나 끝내는 침묵했다. 그가 시끄러운 세상의 소요를 떠나 조용한 바젤에서 세상을 떠난 것이 1536년 7월이다. 《우신 예찬》 출간 이후 그 파장을 예감했기에 에라스뮈스가 이를 헌정하며 변론해줄 것을 부탁한 모어의 역할을 모어가 사망한 후에는 후대의 인문학자들이 해주고 있지 않나 싶다.

《우신 예찬》을 읽은 독자들의 생각은 어떠한지……. "자, 이제 여러분의 것이 된 이 우신 모리아에 대한 옹호 임무를 여러분의 기량에 맡깁니다."

끝으로 교정과 설명 자료에 도움을 주신 서해문집 편집부에 감사의 말씀을 전한다. 부담스럽지 않게 적절한 때 역자를 긴장시켜 번역을 마치도록 도와주셨다. 또 프랑스에서 기꺼이 《Éloge de la Folie》 원본과 자료를 보내주신 박종인 신부님께 진심으로 감사를 드린다.

2008년 5월
강민정